Über dieses Buch

Von den Traditionen der polnischen Küche erzählt dieses Buch, und es macht uns mit Gerichten von gestern und heute den Mund wäßrig. Die Skala reicht von Festmählern am polnischen Königshof bis hin zu den Tafelfreuden bei Bauernhochzeiten und zu sehr schmackhaften Alltagsgerichten. Aber auch regionalen Spezialitäten hat der Autor während seiner jahrelangen Tätigkeit als Journalist, die ihn in die entlegensten Winkel des Landes führte, nachgespürt und sie als passionierter Hobbykoch sofort selbst ausprobiert. Manchmal mußte er dabei feststellen, daß heute ganz zu Recht als typisch polnisch angesehene Gerichte auf fremdländische Einflüsse in früheren Zeiten zurückzuführen sind.

Um das Bild der polnischen Küche abzurunden, führt eine kleine kulinarische Rundreise durch historische und folkloristische Gasthäuser und Luxusrestaurants des ganzen Landes.

Manfred Otto

Rund um die polnische Küche

Fischer Taschenbuch Verlag

Originalausgabe
September 1978
Fischer Taschenbuch Verlag

Umschlagentwurf: Jan Buchholz / Reni Hinsch
unter Verwendung eines Fotos (Foto: Kellner und Sonnenberg)

Fischer Taschenbuch Verlag GmbH, Frankfurt am Main

Gesamtherstellung: Hanseatische Druckanstalt GmbH, Hamburg
Printed in Germany
580-ISBN-3-596-23241-4

Verzeichnis der Rezepte

»Pan Tadeusz« und Bigos

»Ach, das waren Zeiten. Da ward auch die edle Kochkunst noch gepflegt«, sang Polens großer Dichter Adam Mickiewicz etwas wehmütig im Nationalepos »Pan Tadeusz«. Doch er muß sich nicht grämen. Anknüpfend an die besten kulinarischen Traditionen, wie sie im Volke verwurzelt und bei Hofe gang und gäbe waren, hat die polnische Küche ihren unverwechselbaren Charakter bewahrt – trotz vieler fremdländischer Einflüsse. In einer polnischen Familie aus einem festlichen Anlaß zu Gast zu sein, ist deshalb ein einzigartiges Erlebnis. Und das nationalste aller polnischen Gerichte ist zweifellos »Bigos«, dessen Hauptbestandteile verschiedene Krautarten und mehrere Wurst- und Fleischsorten sind (Rezept s. S. 46). Ob bei einem Staatsbankett oder einer Familienfeier, ob im Luxusrestaurant oder fast in jeder Imbißstube, ob im Norden, Süden, Westen oder Osten des Landes – überall ist es gegenwärtig. Und auch in der Literatur hat es seinen Platz. Lesen wir, was Adam Mickiewicz in »Pan Tadeusz« über Bigos schreibt:

> Den rechten Bigos kann man zubereiten
> Mit Sauerkraut auf mannigfache Art.
> Auch werden Kräuter je nach Jahreszeiten,
> Doch ja recht kleingeschnitten, nicht gespart.
> Nur muß das Sauerkraut so weich und milde
> Stets sein, daß auf der Zunge es zergeht.
> Dazu kommt ein Stück Fleisch (doch nicht vom Wilde)
> Vom Rind, vom Schwein, doch bester Qualität.
> Im Kessel wärmt man Bigos. Schwer in Wort und Bildern
> Des Bigos' Farbe, Schmack und reichen Duft zu schildern.

Doch werfen wir einen Blick zurück in die Geschichte, auf die Traditionen und Speisen der polnischen Küche. Welch großes Gewicht man in Polen diesen Dingen beimaß, kann man an der Tatsache erkennen, daß schon im Jahre 1352 am polnischen Königshof das Amt eines Hofküchenmeisters eingeführt wurde. Er war nicht nur dafür verantwortlich, welche Speisen in den königlichen Gemächern hergerichtet und serviert wurden, sondern er verwaltete eigenhändig die damals sehr teuren und nur mit Gold aufzuwiegenden Gewürzvorräte. Kasimir der Große war es, der dieses Amt einführte.

In dieser Zeit wurde in Polen zwar gut gegessen, aber es waren verhältnismäßig einfache Speisen, die auf den Tisch kamen, wie Sauermehlsuppe, Brühe, Rote-Rüben-Suppe, gekochtes Rindfleisch, Rindsschnitzel, Wurst, Grützwurst, Jägergulasch, Piroggen und verschiedene Arten von Klößchen. Bei festlichen Anlässen gab es gekochte Gans mit Sahne und Pilzen, Gans in schwarzer Sauce, die ihre Farbe durch einen angesengten Strohwisch erhielt, oder anderes Geflügel. Zucker kannte man noch nicht, deshalb wurden alle Speisen und Getränke mit Honig gesüßt. Ähnlichkeiten kann man bei zahlreichen heutigen Gerichten erkennen.

Eine echte Wende trat in den Eßgewohnheiten ein, als König Sigismund I. in zweiter Ehe die Italienerin Bona Sforza d'-Aragona heiratete. Man begann Gemüse nach Polen einzuführen und hielt regelrechte Gelage ab. Nach den Chroniken gab König Sigismund III. Wasa eines der bekanntesten, in den Chroniken festgehaltenen, für den päpstlichen Würdenträger Caetani. Ein weiteres solches Gelage ist fast 100 Jahre später in die Geschichte eingegangen, als der spätere König und Befreier Wiens von der Belagerung durch die Türken Jan Sobieski (er führte auch die Kartoffel in Polen ein) Maria Kasimira, die Markgräfin de La Grange d'Arquien, heiratete. Das Menü enthielt verschiedene Lachsarten, Braten von Wisent (diese fast ausgestorbenen Tiere leben heute in einigen Reservaten in Polen), Auerochse und Büffel, Bärenpfoten, Biberschwänze, Elchfleisch, Rehwurst mit gelber Safransauce, Pflaumenmus, graue Sauce mit Zwiebeln und anderes.

Wie lebendig manche Traditionen noch heute sind, vermag ein anderes Beispiel zu belegen. Im Jahre 1364 empfing der Krakauer Patrizier Wierzynek die meisten der gekrönten Häupter Europas zu einem festlichen Essen anläßlich der Gründung der Krakauer Universität (der heutigen Jagiellonnen-Universität, eine der ältesten Hochschulen unseres Kontinents). Auf vergilbten Pergamentrollen wurde es festgehalten und überliefert.

Kommt man heute nach Krakau, so ist gerade das Haus des damaligen Patriziers in der Altstadt das renommierteste Restaurant, und es trägt den Namen »Wierzynek«. Altpolnische Ge-

richte, die den verwöhntesten Gaumen zufriedenstellen, haben hier den Vorrang, und nicht zu Unrecht tragen viele von ihnen den Beinamen »königlich«, wovon sich der Leser im Rezeptteil überzeugen kann.

Doch noch etwas anderes ist für die polnische Küche charakteristisch – man liebt es süß, manchmal sogar sehr süß. Deshalb werden Desserts, Kuchen und Torten groß geschrieben. Aber das war nicht nur eine Sitte bei Hofe, sogenannte »Zuckerabendessen« wurden bei einer Bauernhochzeit am Vorabend vom Bräutigam für die Gäste gegeben. Die Meister der Fingerfertigkeit unter den Zuckerbäckern verstanden es, die Tafel mit der Gestaltung ihrer Leckereien in die Landschaft der Umgebung einzubeziehen oder sogar ein Dorf, städtische Straßen oder ganze Landschaften

in Kuchen, Torten, Zuckerguß oder Marzipan nachzubilden. Familienornamente, Wappen oder andere Symbole gehörten natürlich dazu.

Unternimmt man heute einen Bummel durch die polnische Hauptstadt, so kann man in zahlreichen Cafés oder Konditoreien ähnliche Gebilde bewundern, die von Kunden zu festlichen Anlässen wie Hochzeiten, Kindtaufen, Namenstagen oder anderen bestellt wurden.

Nun, wenn die einfache Volksküche auch den erwähnten Gelagen nicht gleichkam, so ähnelten sich die Eßgewohnheiten im Grunde genommen doch. Die Speisen ware nur nicht so üppig, umfaßten aber verschiedene Arten von Borschtsch, Sauermehlsuppen, Sauerkrautsuppen, Fische, Fleisch je nach den regionalen Gegebenheiten, Klöße und natürlich Grütze. Und so ist es mit einigen Abwandlungen bis heute im ganzen Land geblieben.

Einen Hauptbestandteil der Mahlzeiten bildet der natürliche Reichtum der Wälder. Pilze als Hauptgerichte, Beilagen, Suppeneinlagen und Gewürze sind nicht aus der polnischen Küche wegzudenken. In den Wäldern und auf Wiesen gibt es sie in unbegrenzter Menge. Man kann sie kochen, in Saucen dünsten, schmoren und in der Pfanne braten. Sie können eingelegt und mariniert werden, und es gibt zahlreiche Gerichte, in denen getrocknete Pilze als Gewürze nicht fehlen dürfen.

Und welche Volksverbundenheit der polnischen Küche immer beigemessen wurde, können wir uns noch einmal von Adam Mickiewicz bescheinigen lassen:

Volkslieder und auch Nationalgerichte
Entstehen draußen nur in Feld und Wald.
Der Bauer ist's, der einfache und schlichte,
Gibt ihnen Maß und richtigen Gehalt.

Also, kochen wir nun munter drauflos. Und mag auch manches für unseren Gaumen ungewohnt erscheinen, schrecken wir nicht davor zurück. Man kann manche erfreuliche Neuentdeckung machen und schon viele Jahre ins Haus kommende Gäste mit kulinarischen Leckerbissen überraschen. (Die Rezepte sind für 4 Personen berechnet.)

Guten Appetit oder Smacznego, wie man polnisch sagt!

Suppen

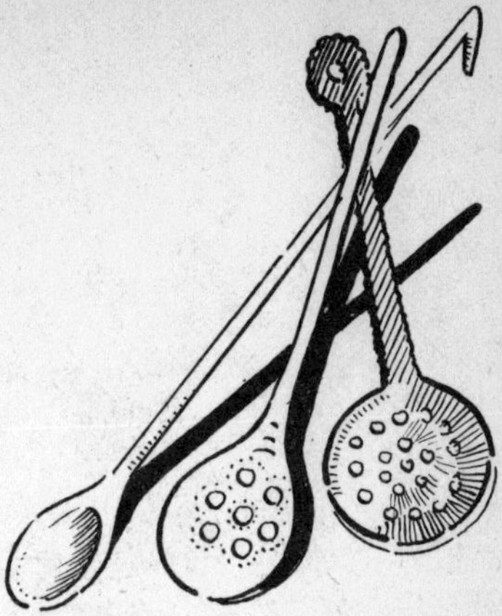

Wenn man einen polnischen Gastgeber in höchste Verwunderung versetzen möchte, dann kann man das damit tun, daß man beim Mittagessen auf die Suppe verzichtet. Zu einem zünftigen Mittagessen im Restaurant oder zu Hause gehört die Suppe wie der Deckel zum Topf. Und die Rezepte hierfür verraten viel Phantasie. Es sei aber auch vor dem hohen Kaloriengehalt vieler Suppen gewarnt. Süße oder saure Sahne ist in den meisten eine unentbehrliche Zutat. Und niemand vermag zu erklären, wie es den polnischen Frauen und Mädchen unter diesen Umständen gelingt, trotz der Vielfalt und des hohen Kaloriengehalts der Suppen und anderer Speisen, ihre sprichwörtliche schlanke Linie zu bewahren.

Mögen die verschiedenen Suppen auch einen unterschiedlichen regionalen Charakter haben und die Eßgewohnheiten örtlich verschieden sein, eine überragt alle und ist das Lieblingsgericht der meisten Polen: das sind Flaki (Kuttelflecke). Für fremde Gaumen etwas ungewohnt, aber viele Besucher Polens haben sich schon darin verliebt. Und viele Restaurants in Warschau betrachten es als eine besondere Reklame, wenn an ihrer Tür ein Schild mit der Aufschrift »Dziś Flaki« (»Heute gibt es Flecken«) prangt.

Doch genug der Vorrede, beginnen wir also damit!

Kuttelflecke (Flaki)

1 l Fleischbrühe
1 kg Kutteln (Kaldaunen)
100 g Butter
40 g Weizenmehl
½ geriebene Muskatnuß
Rosenpaprika
Majoran
Salz
Pfeffer
Saft ½ Zitrone

Die sorgfältig gereinigten Flecken werden in der Fleischbrühe fünf bis sechs Stunden gekocht. Nachdem sie in der Brühe abgekühlt sind, werden sie wie feine Nudeln zerschnitten. Aus der Butter und dem Mehl wird eine Schwitze bereitet, die mit der Fleischbrühe abgelöscht wird. Nun die Flecken hinzugeben, mit Muskat, Paprika, Majoran, Salz, Pfeffer und Zitrone würzen und alles zusammen kurz aufkochen.

Gurkensuppe

1 l Fleischbrühe
4 reife Tomaten
1 kleine Salatgurke
1 Eßlöffel Tomatenmark
3 Eßlöffel Grieß
½ Tasse süße Sahne
Öl
Paprika
Salz
1 Bund gehackte Petersilie

Die geviertelten Tomaten in wenig Wasser weich kochen und durch ein Sieb in die kochende Fleischbrühe rühren. Tomatenmark hinzufügen und mit dem Grieß dicken. Zehn Minuten kochen lassen, vom Feuer nehmen und die Sahne einrühren. Die Scheiben der geschälten Salatgurke werden in etwas Öl und wenig Wasser geschmort und in die Suppe gegeben. Zuletzt mit Paprika, Salz und Petersilie abschmecken.

Sauerkrautsuppe

500 g Rindfleisch
200 g Rauchfleisch
1 kg Sauerkraut
2 Bund Suppengrün
30 g getrocknete Pilze
1 Eßlöffel Tomatenmark
2 Zwiebeln
150 g Speck
1 Eßlöffel Mehl
Salz
2 Brühwürste

Aus Rind- und Rauchfleisch wird eine Brühe gekocht. Nach etwa 20 Minuten werden Sauerkraut, das in Streifen geschnittene

Suppengrün, die vorher eingeweichten und kleingeschnittenen Pilze, Tomatenmark, eine in Scheiben geschnittene Zwiebel und Salz hinzugefügt. Nachdem das Fleisch weich ist, wird es herausgenommen und in kleine Stücke geschnitten. Den Speck und eine weitere Zwiebel würfeln, anbraten, mit Mehl verrühren und in die Suppe quirlen. Zusammen mit dem Fleisch noch einmal aufkochen lassen. Die Würste werden in Scheiben geschnitten und vor dem Einfüllen der Suppe auf die Teller getan. Dazu wird Schwarzbrot gereicht.

Lebersuppe

500 g Leber
1 Bund Suppengrün
1 große Zwiebel
2 Eßlöffel Schmalz
1 Eßlöffel Mehl
Salz
Pfeffer
Dill

Das Suppengrün wird in 2 l Wasser gekocht. Inzwischen die Zwiebel kleinwürfeln und mit 1 Eßlöffel Schmalz anbraten. Die Leber abziehen, kleinschneiden, zusammen mit 3 Eßlöffeln Wasser in die Zwiebel geben und zugedeckt dünsten. Nach dem Abkühlen wird diese Masse durch den Fleischwolf gedreht und in das Wasser mit Suppengrün gegeben. Mehl in 1 Eßlöffel Schmalz bräunen und hinzufügen. Die Suppe mit Salz, Pfeffer und Dill abschmecken und mit gerösteten Semmelwürfeln servieren.

Altwarschauer Hühnersuppe

1 ausgenommenes Huhn bis zu 1 kg
300 g Rindfleisch ohne Knochen
150 g Mohrrüben
300 g grüne Erbsen
200 g Sellerie
200 g Petersilienwurzel
30 g getrocknete Pilze
Salz
Pfeffer

Von Huhn, Rindfleisch, Mohrrüben, Sellerie, Petersilie und Gewürzen eine Brühe kochen. Die vorher eingeweichten Pilze extra kochen. In die durchgeseihte Brühe das in Streifen geschnittene Gemüse, den Pilzsud und die Erbsen (aus Konserve) geben. Das Hühnerfleisch von den Knochen trennen, in Würfel schneiden und ebenfalls der Suppe hinzufügen. Noch einmal kurz aufkochen und mit geröstetem Weißbrot servieren.

Knoblauchsuppe nach Goralenart

1½ kg geschälte Kartoffeln
1 Knoblauchzehe
1 große Zwiebel
50 g Speck
2 Zweige Pfefferminz
Salz

Die Kartoffeln werden gekocht, doch besteht die Kunst darin, es richtig zu tun. Wenn die Kartoffeln zu kochen beginnen, das Wasser abgießen und neues, vorgewärmtes Wasser dazugießen. Der kleingehackte Knoblauch, die gewürfelte Zwiebel und Pfefferminz werden hinzugefügt und alles zusammen gekocht, bis die Kartoffeln weich sind. Speck auslassen und dann in die Suppe rühren.

Kaschubische Kümmelsuppe

10 g Kümmel
1½ l Fleischbrühe
20 g Mehl
30 g Butter
1 Becher süße Sahne
Salz

Kümmel wird in der Pfanne erhitzt, bis die Körner anfangen zu springen. 2 Tassen Brühe dazugießen und auf kleiner Flamme etwa 1 Stunde kochen lassen. Durch ein Sieb zu der restlichen erhitzten Brühe gießen. Mehl in der Butter bräunen und unterrühren. Zum Schluß wird die Sahne geschlagen und an die Suppe gequirlt. Vor dem Auffüllen geröstete Weißbrotwürfel in die Teller geben.

Saure Suppe (Żur)

1½ kg Schrotmehl
2 Knoblauchzehen
200 g Räucherspeck
100 g Zwiebeln
Salz
Pfeffer
Majoran

Das Schrotmehl in einem Steintopf mit wenig warmem Wasser anrühren. Zwei feingehackte Knoblauchzehen und etwa drei Liter warmes Wasser dazurühren. Steintopf mit einem Tuch fest zubinden und bei normaler Zimmertemperatur vier bis fünf Tage stehen lassen, damit es zu einem Gärprozeß kommt. Zwei Wassergläser von dem daraus entstandenen Kwaß (der gegorenen Brühe) in 1½ l siedendes Wasser geben und aufkochen. Speck und Zwiebeln würfeln und zusammen anbraten, dann in die Suppe geben. Mit Salz, Pfeffer und Majoran würzen und mit gekochten Kartoffeln auftragen.

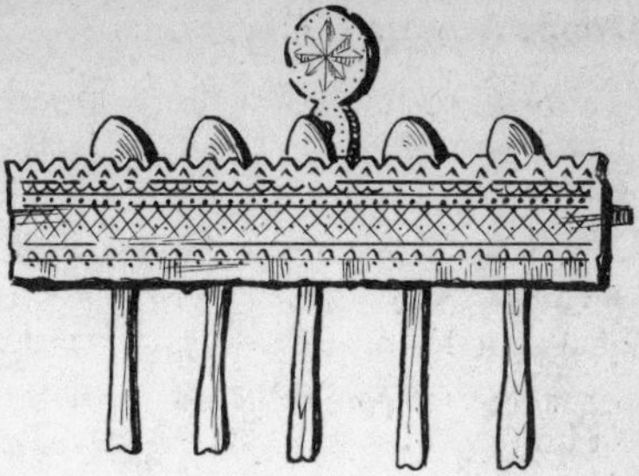

Kalte litauische Suppe

¾ l saure Milch
¼ l saure Sahne
⅛ l saure Gurkenlake
je 1 Eßlöffel Mangold, Dill und Schnittlauch
1 Salatgurke
125 g Kalbsbraten
einige Krebsschwänze
125 g Zander
2 hartgekochte Eier
Eiswürfel

Die Gurke hobeln, salzen und zwei Stunden stehen lassen. Die schaumig gerührte Sahne mit der geschlagenen Sauermilch verrühren und schlagen, bis sich an der Oberfläche Bläschen zeigen. Gurkenlake aufkochen, abkühlen und mit dem kleingehackten Mangold, grünen Dill und Schnittlauch in die saure Milch rühren. Gurkenwasser abgießen und die gehobelte Gurke mit gewürfeltem Kalbsbraten, den gekochten Krebsschwänzen, dem in Würfel geschnittenen gedünsteten Zander sowie den geviertelten Eiern in die Suppe geben. Dann für einige Stunden in den Kühlschrank stellen. Beim Servieren in jeden Teller einen Eiswürfel legen.

Brotsuppe

1 l Fleischbrühe
800 g altbackenes Schwarzbrot
2 Teelöffel gemahlener Kümmel
1 Ei
1 Glas Milch
15 g Butter
1 Bund Petersilie
Salz

Das Brot wird in der Brühe aufgekocht und dann durch ein Sieb gestrichen. Kümmel zugeben und mit Ei abziehen. Schließlich Milch, Butter und Salz dazurühren. Vor dem Auftragen mit der Petersilie bestreuen.

Pilzsuppe

1 l Fleischbrühe
200 g getrocknete Pilze
100 g Zwiebeln
1 Becher süße Sahne
100 g Mehl
Salz
Pfeffer

Vorher eingeweichte Pilze weich kochen, in Streifen schneiden und zusammen mit dem Pilzsud zu der erhitzten Fleischbrühe geben. Mehl mit Sahne anrühren, in die Suppe geben, aufkochen lassen und mit Salz und Pfeffer abschmecken.

Roter Borschtsch

1500 g rote Rüben
1 Stückchen Roggenbrot
750 g Rindfleisch
1 Bund Suppengrün
Salz
Pfeffer
Zucker

Die Hälfte der roten Rüben wird kleingeschnitten, zusammen mit einem Stückchen Roggenbrot in einen Tontopf gelegt und mit lauwarmem Wasser begossen. Mit einem Tuch bedeckt eine Woche säuern lassen. Danach werden die restlichen ebenfalls zerschnittenen Rüben sowie das Rindfleisch mit dem Suppengrün getrennt gekocht. Nun die durchgeseihte Fleischbrühe mit dem ebenfalls durchgesiebten Rübensaft zusammengeben, mit Salz, Pfeffer, etwas Zucker und dem gesäuerten Rübenkwaß (Brühe) aus dem Tontopf würzen und noch einmal kurz aufkochen. Diese klare Suppe kann naturell, mit Nudeln oder Kartoffeln als Einlage, aber auch mit kleinen Pasteten als Beilage serviert werden.

Ulanensuppe

120 g durchwachsener Speck
1 Zwiebel
2 Eßlöffel Mehl
2 Knoblauchzehen
1 Teelöffel Paprika
½ l Gemüsebrühe
100 g weiße Bohnen
100 g Bandnudeln
150 g Jagdwurst
½ Tasse süße Sahne
Salz

Den Speck würfeln und anbraten, kleingehackte Zwiebel darin leicht anbräunen, Mehl, Paprika und zerdrückte Knoblauchzehen unterrühren. Mit der Hälfte der Brühe auffüllen und aufkochen lassen, durch ein Sieb rühren und mit restlicher Brühe auffüllen.

Vorher gekochte weiße Bohnen und Bandnudeln dazugeben und alles zusammen noch einmal 10 Minuten kochen lassen. Die gewürfelte Jagdwurst und Sahne dazugeben, mit Salz abschmekken und gut verrührt auftragen.

Pastetchensuppe »Kołduny«

Füllung:
150 g Rindslende
150 g Hammelkeule
1 Zwiebel
1 Ei
2 Knoblauchzehen
Salz
Pfeffer
Majoran

Teig:
250 g Mehl
1 Ei
Salz
1 l Bouillon

Das durchgedrehte Fleisch, kleingehackte Zwiebel, zerdrückten Knoblauch, Ei und Gewürze gut vermengen. Aus Mehl, Ei, Salz und etwas Wasser den Teig bereiten und gut durchkneten. Dann dünn ausrollen, kleine Quadrate schneiden und die Fleischfüllung darauf verteilen. Nun die Teigstückchen über Eck fest zusammendrücken und fünf Minuten in siedendem Salzwasser kochen. Dann in Bouillon geben und in Suppentassen servieren.

Kalte und warme Vorspeisen

Ein echt polnisches Mittag- oder Abendessen kann sich recht in die Länge ziehen, es kommt ganz auf den Anlaß an. Bei den verschiedensten Gelegenheiten solcher Art werden gern kalte oder warme Vorspeisen gereicht (zwischen Suppe und Hauptgericht oder einfach als Zwischenmahlzeit vor einem der nächsten Gänge). Und ein eisgekühlter Wodka ist hier obligatorisch. Zu den beliebtesten Vorspeisen gehören Fische, doch darüber an anderer Stelle. Hier eine kleine Auswahl von dem, was man sonst noch anbieten kann.

Marinierte Pilze

500 g Mischpilze
80 g Zwiebeln
1 Eßlöffel Schmalz
250 g feste Tomaten
1 Tasse Weinessig
1 Tasse Weißwein
Salz
4 Pfefferkörner
1 Lorbeerblatt
1 Eßlöffel gehackter Dill
2 Gewürzgurken

Die kleingeschnittenen Pilze in Salzwasser kochen und abtropfen lassen. Im zerlassenen Schmalz die in Scheiben geschnittenen Zwiebeln und die in Würfel geschnittenen Tomaten dünsten. Später die Pilze zugeben und mit Essig sowie Weißwein auffüllen. Gewürze hinzufügen und 5 Minuten aufkochen lassen. Nach dem Erkalten mit Dill und Gewürzgurken anrichten.

Champignonsalat

200 g junge Champignons
50 g Mayonnaise
2 Eßlöffel saure Sahne
1 Teelöffel geriebener Meerrettich
1 Eßlöffel Zitronensaft
Salz
Pfeffer
je 1 Eßlöffel gehackte Petersilie und Dill

Die Champignons überbrühen und in feine Scheiben schneiden. Aus den Zutaten eine kalte Sauce bereiten, die gehackten Kräuter daruntermischen und schließlich die Champignons dazugeben. Sofort verzehren und nicht aufbewahren.

Champignons mit Sahne

400 g frische Champignons
20 g Butter
50 g Zwiebeln
Salz
Pfeffer
1 Tasse süße Sahne
1 Eigelb
1 Teelöffel kleingehackter Dill

Pilze säubern und in dünne Scheiben schneiden. Zwiebeln fein würfeln, mit der Butter anbraten, Pilze und 3 Eßlöffel Wasser dazugeben, zudecken und dünsten, bis die Champignons weich sind. Dann salzen und pfeffern, Sahne und Eigelb dazurühren. Zum Schluß mit gehacktem Dill bestreuen.

Krakauer Steinpilze

500 g frische Steinpilze
2 Knoblauchzehen
Salz
Pfeffer
3 Eßlöffel Mehl
30 g Butter

Kleine, völlig gesunde Steinpilze auswählen, von denen nur die Hauben verwendet werden. Knoblauchzehen fein hacken und zerstoßen und die Pilze damit einreiben, salzen und pfeffern. Nachdem die Pilze in Mehl gewälzt wurden, Butter in der Pfanne erhitzen und die Pilze von beiden Seiten braten.

Pilzsalat aus Białystok

350 g Pilze (je nach Jahreszeit)
150 g Kartoffeln
1 Tasse saure Sahne
Salz
Pfeffer
1 Eßlöffel feingehackter Dill

Pilze kochen, erkalten lassen und in Scheiben schneiden. Die am Vortag mit Schale gekochten Kartoffeln abpellen und in kleine Würfel schneiden. Zusammen mit der Sahne und den Pilzen verrühren, mit Salz und Pfeffer abschmecken und am Schluß den feingehackten Dill darüberstreuen.

Gemischter polnischer Salat

500 g Tomaten
2 saure Gurken
2 kleine frische Gurken
2 große Zwiebeln
2 Eier
2 Eßlöffel feingehackter Dill
3 Eßlöffel Olivenöl
Zucker
Salz

Tomaten, vorher hartgekochte Eier, frische und saure Gurken und Zwiebeln in Scheiben schneiden und in einer Schüssel in Schichten übereinanderlegen. Jede Schicht leicht salzen und mit einer Prise Zucker bestreuen. Diesen Salat mit Öl beträufeln und am Schluß den Dill darüberstreuen.

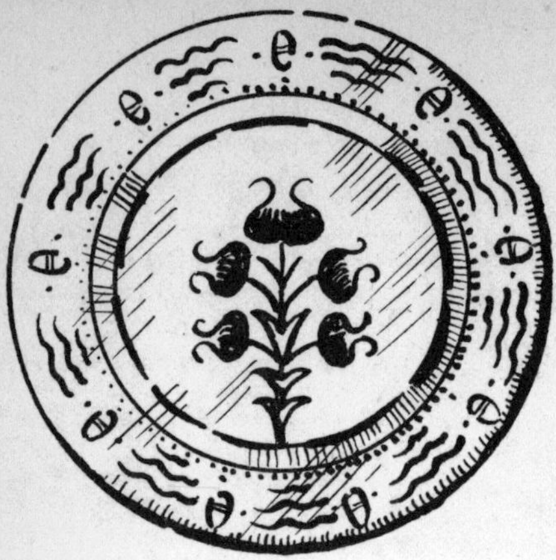

Rote Rüben in Sahne

500 g junge rote Rüben
30 g Butter
1 Tasse Fleischbrühe
1 Eßlöffel Mehl
1 Teelöffel Zucker
Salz
1 Eßlöffel Zitronensaft
2 Eßlöffel süße Sahne
1 Eßlöffel feingehackter Dill

Rüben unter fließendem Wasser putzen und ungeschält kochen. Aus Butter und Mehl eine Schwitze machen und mit der Fleischbrühe zu einer dicken Sauce rühren. Die Sahne dazurühren und mit Salz, Pfeffer und Zitronensaft abschmecken. Rote Rüben schälen, fein hobeln und in die Sauce geben. Am Ende mit dem Dill überstreuen.

Lauchsalat

5 Stangen Porree
Salz
1 Beutel Mayonnaise
1 Tomate
Pfeffer

Die Lauchstangen werden in kleine Stücke geschnitten und in Salzwasser weichgekocht. Auf einem Sieb abtropfen lassen und in einer Schüssel die Mayonnaise dazurühren. Mit Salz und Pfeffer abschmecken. Tomate in Scheiben schneiden und den Salat damit garnieren.

Eier mit Frühlingssauce

6 Eier
2 Eigelb
1 Teelöffel Senf
1 Tasse süße Sahne
Salz
Zucker
1 Salatgurke
1 Bund Schnittlauch
2 Bund Radieschen

Eier hart kochen, in kaltem Wasser schrecken, abpellen, in Hälften schneiden und in eine Schüssel geben. Eigelb, Senf, Sahne und je eine Prise Salz und Zucker zu einer Sauce anrühren. Gurke, Schnittlauch und Radieschen zerkleinern, mit der Sauce verrühren und damit die Eier übergießen. Dazu Toast reichen.

Eier mit Jägersauce

6 Eier
2 Eßlöffel süße Sahne
2 Eßlöffel geriebener Käse
1 Zwiebel
20 g Butter
10 Champignons
1 Teelöffel Mehl
1 Tasse Fleischbrühe
2 Eßlöffel Weißwein
Paprika (scharf)
Salz

Eier hartkochen, abpellen, in Hälften schneiden, mit der Sahne übergießen, mit Käse bestreuen und in der Backröhre kurz überbacken. Dann wird die Jägersauce bereitet. Zwiebel kleinschneiden und in Butter dünsten. Kleingeschnittene Champignons dazugeben, mit Mehl bestreuen und einige Minuten weiterdünsten. Brühe und Wein dazugeben, mit Salz und Paprika würzen und dann aufkochen. Die gebackenen Eier damit übergießen und mit Toast servieren.

Pikanter Eiersalat

6 Eier
2 kleine Rettiche
2 Köpfe grünen Salat
½ Tasse Olivenöl
1 Eßlöffel Weinessig
Zucker
Salz

Eier hartkochen, abpellen, in Scheiben schneiden und in eine Schüssel geben. Rettiche werden geschält, ebenfalls in Scheiben geschnitten und zusammen mit den geputzten und zerkleinerten Salatköpfen in die Schüssel gegeben. Aus Olivenöl, Weinessig sowie Salz und Zucker nach Geschmack wird eine Marinade bereitet und alles zu einem frischen Salat vermengt.

Gefüllte Eier

4 Eier
2 Eßlöffel Schmalz
2 Zwiebeln
½ Tasse Sahne
Salz
Paprika
2 Eßlöffel Semmelmehl
1 Eßlöffel Butter

Eier hartkochen, abkühlen und mit einem Tomatenmesser der Länge nach durchsägen. Die Eierhälften mit einem Löffel vorsichtig herausnehmen (Schalen aufbewahren) und feinhacken. Zwiebeln kleinhacken, in Schmalz bräunen, die Sahne und Eier dazurühren sowie mit Salz und Paprika abschmecken. Die Masse in die Eierschalen füllen, mit Semmelmehl bestreuen, darauf Butterflöckchen legen und in vorgeheizter Röhre bei mittlerer Hitze überbacken. Mit Toast reichen.

Gefüllte Gurken

5 Salatgurken
250 g fertig gekaufter Italienischer Salat
2 Eßlöffel Senf
1 Gläschen Kapern
3 Tomaten

Die Gurken schälen, der Länge nach halbieren und die Kerne entfernen. Die Höhlungen mit Senf ausstreichen, den Italienischen Salat angehäuft einfüllen, die Tomaten in Viertel schneiden und die gefüllten Gurken damit und mit den Kapern garnieren.

Schmorgurken

2 große Salatgurken
50 g Speck
1 Tasse saure Sahne
1 Eßlöffel Mehl
1 Teelöffel Zitronensaft
Zucker
Salz
1 Eßlöffel feingehackter Dill
1 Tasse Fleischbrühe

Gurken schälen, in Würfel schneiden und in eine Schüssel legen. Den Speck kleinwürfeln, auslassen und die Gurken dazugeben. Im eigenen Saft 15 Minuten schmoren. Sahne mit dem Mehl verquirlen und darüberschütten. Mit Zitrone, Zucker und Salz abschmecken und auf kleiner Flamme weiterschmoren, bis die Gurken weich sind. Dann die Brühe hineinrühren und vor dem Auftragen mit dem Dill überstreuen. Mit Toast servieren.

Saucen

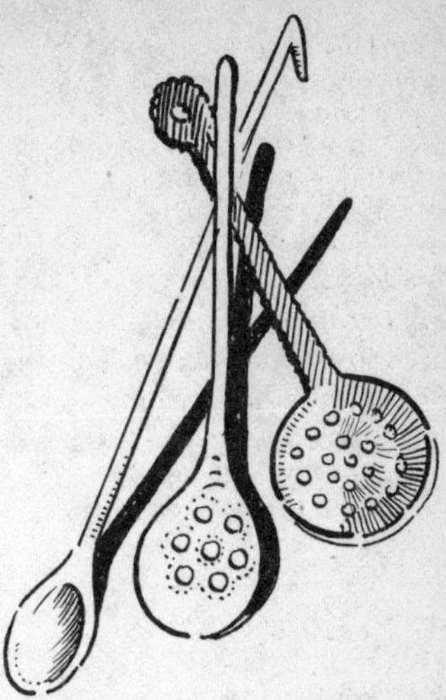

In einem alten polnischen Kochbuch kann man lesen, daß alle Speisen schwimmen müssen. Nun, das ist vielleicht ein wenig übertrieben, aber es drückt aus, daß zu einem guten Essen auch eine gute Sauce gehört. Deshalb sei hier eine kleine Auswahl von Saucen vorgestellt, die sich zum größten Teil zu mehreren Gerichten verwenden lassen.

Meerrettichsauce

100 g Meerrettich
50 g Butter
40 g Mehl
1 Tasse Fleischbrühe
2 Tassen saure Sahne
2 Eigelb
Salz
Zucker
Weinessig

Geriebenen Meerrettich mit Essig beträufeln. Aus Butter und Mehl eine helle Schwitze bereiten, mit der Fleischbrühe löschen und aufkochen. Danach Meerrettich und Sahne zugeben, mit Salz, Zucker und Weinessig abschmecken und am Schluß Eigelb dazurühren. Nur noch warmhalten und nicht mehr aufkochen. Eignet sich zu gekochtem Rindfleisch, Rinderzunge und Fischgerichten.

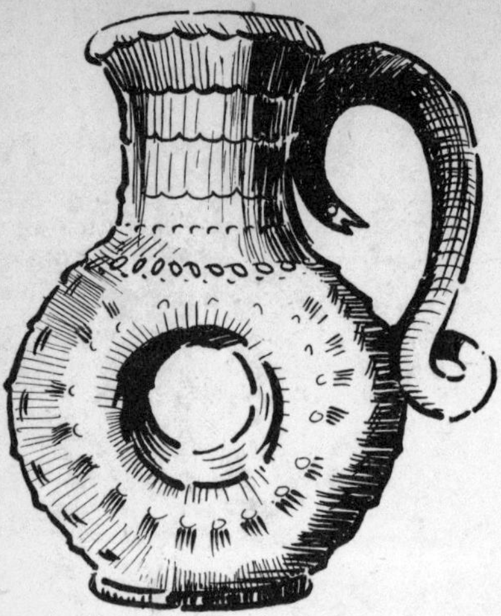

Zitronensauce

1 Eßlöffel Mehl	*2 Eigelb*
1 Eßlöffel Butter	*Salz*
1 Tasse Fleischbrühe	*Zucker*
1 Tasse saure Sahne	*Zitronensaft*

Mit Butter und Mehl Schwitze bereiten, Brühe und Sahne dazurühren und aufkochen lassen. Danach mit Eigelb verrühren und mit Salz, Zucker und Zitronensaft abschmecken. Eignet sich vorzüglich zu Kalbfleisch und Fleischklopsen.

Dillsauce

30 g Butter	*2 Eigelb*
1 Eßlöffel Mehl	*Salz*
¼ l saure Sahne	*1 Bund frischer Dill*

Aus Butter und Mehl Schwitze bereiten, mit saurer Sahne auffüllen und aufkochen. Mit Salz abschmecken und feingehackten Dill einstreuen. Zum Schluß Eigelb darunterrühren. Diese Sauce paßt zu jedem gekochten Fleisch.

Zwiebelsauce

30 g Butter
3 Zwiebeln
1 Eßlöffel Mehl
1 Tasse Fleischbrühe
Salz
Pfeffer
2 Eßlöffel süße Sahne

Zwiebeln in feine Scheiben schneiden und in der Butter goldgelb dünsten, mit Mehl bestreuen und unter ständigem Rühren die Fleischbrühe auffüllen. Nun durch ein Sieb passieren, Salz und Pfeffer dazugeben und aufkochen lassen. Zum Schluß Sahne darunterrühren. Zu gekochtem Rindfleisch reichen.

Pilzsauce

30 g getrocknete Pilze
2 Zwiebeln
50 g Butter
1 Eßlöffel Mehl
Salz
Pfeffer
1 Tasse saure Sahne
1 Bund Petersilie

Zwiebeln in feine Ringe schneiden und in der Butter goldgelb dünsten, die vorher eingeweichten Pilze dazugeben und schmoren, bis die Pilze weich sind. Nun mit Mehl bestäuben und die Sahne dazurühren. Mit Salz und Pfeffer abschmecken und zum Schluß mit feingehackter Petersilie überstreuen.

Gelbe Safransauce

30 g Butter
1 Eßlöffel Mehl
1 Tasse Fleischbrühe
Salz
Pfeffer
1 gestrichenen Teelöffel Safran
2 Eigelb

Aus Butter und Mehl eine helle Schwitze bereiten, mit Brühe ablöschen und Safran dazurühren. Mit Salz und Pfeffer abschmecken und aufkochen lassen. Von der Flamme nehmen und mit Eigelb legieren. Besonders für Kalbfleisch geeignet.

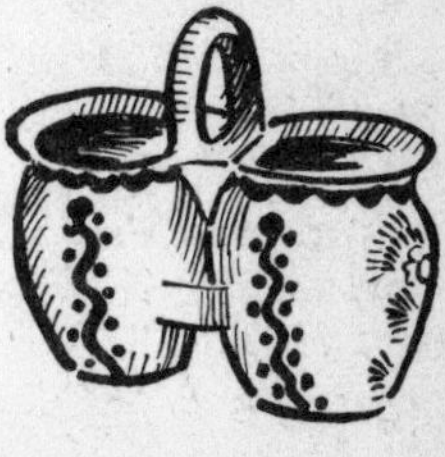

Senfsauce

30 g Butter
1 Eßlöffel Mehl
2–3 Eßlöffel Senf
1 Eßlöffel Parmesan
Saft von 1 Zitrone
½ Tasse leichter Weißwein
1 Tasse Fleischbrühe
1 Teelöffel Zucker
2 Eigelb

Aus Butter und Mehl eine helle Schwitze bereiten, Senf und Parmesan darunterrühren und mit Weißwein aufgießen. Fleischbrühe dazurühren und mit Zucker sowie Zitronensaft abschmekken. Kurz aufkochen und danach mit Eigelb legieren. Für alles Kochfleisch.

Pflaumenmussauce

150 g Pflaumenmus
10 g Kartoffelmehl
¼ l Milch
Zimt
Zitronenschale
Zucker

Kartoffelmehl in der Milch anrühren und gut mit dem Pflaumenmus vermengen. Aufkochen lassen, mit Zucker, gemahlenem Zimt und geriebener Zitronenschale abschmecken. Diese Sauce kann zu allen Arten von Wildfleisch gereicht werden.

Tatarensauce

2 Eßlöffel Öl
4 Eier
¼ l saure Sahne
1 Eßlöffel Weinessig
1 Teelöffel Zucker
1 Teelöffel Kartoffelmehl
Salz
Pfeffer
2 feingehackte Gewürzgurken

Sahne, Öl, 2 Eier, Essig, Zucker, Kartoffelmehl sowie etwas Salz und Pfeffer im Mixer gründlich verrühren, dann in einem Topf kurz aufkochen. Nach dem Abkühlen mit 2 hartgekochten, feingehackten Eiern und den Gewürzgurken vermengen. Für kalten Braten geeignet.

Fische aus nah und fern

Die Ostsee (aber auch entferntere Meere), viele kristallklare Seen und Bäche, wie man sie heute in Europa nur noch selten findet, sowie zahlreiche Flüsse sind der Grund dafür, daß von den gedeckten Tischen in Haushalten und Restaurants der Fisch nicht wegzudenken ist. Doch unter ihnen spielt der »König Hering« noch eine besondere Rolle.

Vor einem festlichen Bankett in einem namhaften Warschauer Hotel prüft der Küchenchef noch ein letztes Mal die appetitlich angerichteten Platten. Eine Vielzahl köstlicher Speisen erfreut das Auge des Betrachters. Ein neugieriger Journalist fragt den Chefkoch: »Und was ist das Beste auf der Tafel?« Wie aus der Pistole geschossen kommt die Antwort: »Der Hering!« Der Fragesteller guckt verdutzt, aber die Antwort ist treffend. Denn der Hering ist in Polen eine der beliebtesten Vorspeisen. Besonders ausgeprägt ist auf diesem kulinarischen Gebiet die Tradition mit den gegenwärtigen Eßgewohnheiten verknüpft. Ob ein protokollarischer Empfang oder ein Familienfest, den Anfang macht der auf verschiedenste Art zubereitete Hering. Ein Glas Wódka czysta wyborowa (klarer auserlesener Wodka) gehört unbedingt dazu. Es ist erstaunlich, was sich von Hering alles machen läßt.

Hering in Öl

4 Salzheringe
2 Zwiebeln
Leinöl

Die ausgenommenen und 24 Stunden gewässerten Salzheringe werden in Filets geteilt und einige Stunden vor dem Servieren in Leinöl gelegt. Vor dem Auftragen mit rohen Zwiebelringen belegen und Schwarzbrot mit Butter dazu reichen.

Hering in Sahnesauce

4 grüne Heringe
¼ l Milch
1 Glas Weißwein
2 Eßlöffel Weinessig
1 Knoblauchzehe
6 Pfefferkörner
2 Eigelb
2 Eßlöffel Sahne
1 Teelöffel Paprika
1 Teelöffel Senf
Salz

Heringsfilets ein bis zwei Stunden in Milch legen und danach gut abtropfen lassen. Weißwein, Weinessig, Knoblauch, Pfefferkörner und eine Prise Salz aufkochen. Etwas Wasser zufügen und Heringsfilets darin 7 Minuten kochen. Brühe durch ein Sieb gießen und nach dem Erkalten mit Eigelb, Sahne, Paprika und Senf verquirlen. Die Heringe mit dieser Sauce begießen und kalt servieren.

Hering in Rotwein

1 kg ausgenommene grüne Heringe
½ l Rotwein
250 g Zwiebeln
Nelken
Lorbeerblatt
Pfeffer
Gewürzkörner (Piment)

Zwiebeln kleinschneiden und mit kochendem Wasser überbrühen, Rotwein und die Gewürze hinzugeben und alles kurz aufkochen lassen. Gesäuberte und filetierte Heringe mit heißem Sud übergießen und abkühlen lassen. Kalt servieren.

Heringsröllchen mit Pilzen

500 g Salzheringe ohne Köpfe
2 Zwiebeln
Öl
50 g getrockenete Pilze
Pfeffer
1 Bund Petersilie
4 saure Gurken

Heringe 24 Stunden wässern, abziehen, entgräten und filetieren. Zwiebeln in dünne Scheiben schneiden und in Öl leicht anbraten. Die gekochten und feingehackten Pilze, Pfeffer und gewiegte Petersilie hinzufügen. Mit dieser Masse werden die Heringsfilets dick bestrichen, wie Rollmöpse gewickelt und mit geschälten Gurkenscheiben serviert.

Tatarenhering

600 g Salzheringe ohne Köpfe
2 Zwiebeln
1 Eßlöffel Tomatenmark
1 Teelöffel Senf
Pfeffer
scharfer Paprika
3 Eßlöffel Öl
1 Ei
Petersilie

Heringe 24 Stunden wässern, dann säubern und entgräten. Filets hacken und mit kleingewürfelten Zwiebeln, Tomatenmark, Senf, Pfeffer und Paprika vermengen, langsam Öl zugießen und umrühren, bis eine Masse entsteht, die an Tatarbeefsteak erinnert. Hartgekochtes Ei und Petersilie hacken und damit den Hering bestreuen. Mit Brot und Butter auftragen.

Ostseehering

4 Salzheringe
30 g getrocknete Pilze
1 grüne Gurke
2 Delikateßgurken
2 Zwiebeln
2 säuerliche Äpfel
½ Glas Mayonnaise
3 Eßlöffel saure Sahne
Pfeffer
Zucker
1 Bund Petersilie

Heringe wässern, säubern, entgräten und in Würfel schneiden. Vorher eingeweichte Pilze kochen und kleinschneiden. Grüne Gurke, Delikateßgurken, Zwiebeln und Äpfel werden geschält und ebenfalls gewürfelt. Alles zusammen mit Mayonnaise und Sahne vermengen, mit Pfeffer und etwas Zucker abschmecken, dann mit gehackter Petersilie bestreuen. Mit gekochten Frühkartoffeln und brauner Butter servieren.

Hering auf masurische Art

1 kg Salzheringe
4 Zwiebeln
5 Gewürzkörner (Piment)
1 Teelöffel Zucker
4 Eßlöffel Essig
1 Eßlöffel Tomatenmark
6–8 Eßlöffel Öl
½ Teelöffel Paprika
1 Glas herber Weißwein
1 Bund Petersilie

Heringe 24 Stunden wässern, dann enthäuten, entgräten und filetieren. Zwiebeln in Scheiben schneiden. Für die Marinade Gewürzkörner, Zucker und Essig mit einem Glas Wasser aufkochen und abkühlen lassen. Tomatenmark, Öl und Paprika dazuquirlen. Heringe in einer Schüssel mit Zwiebelscheiben belegen und mit der Marinade begießen. Nach einigen Stunden Weißwein hinzufügen. Zum Schluß mit feingehackter Petersilie bestreuen.

Doch wenn vom Hering als König der polnischen Fischküche die Rede war, was sich vorwiegend auf kalte Speisen bezieht, so ist der Karpfen ein ebenbürtiger Partner unter den so gekrönten Häuptern. So wie in vielen deutschen Landen ein Karpfen blau unbedingt zu Silvester gehört, ist der Weihnachtsabend in Polen ohne diesen Fisch undenkbar. Viel Mühe und Geduld werden für ihn aufgewendet, was schon damit beginnt, das richtige Exemplar zu erwerben.

Karpfen auf altpolnische Art

1 Karpfen (etwa 1½ kg)
2 Mohrrüben
3 Zwiebeln
1 Stück Sellerie
1 Flasche Bier
Brotrinde
2 Teelöffel karamelisierter Zucker
Gewürz- und Pfefferkörner
3 Nelken
1 Lorbeerblatt
Schale von ½ Zitrone
Salz
Pfeffer
1 Teelöffel Butter

Karpfen ausnehmen und säubern. Mohrrüben, Zwiebeln, Sellerie, Brotrinde, Zucker, alle Gewürze und abgeriebene Zitronenschale mit Bier übergießen und aufkochen. Karpfen und Butter in diese Brühe geben, mit etwas Wasser auffüllen und 45 Minuten auf kleiner Flamme ziehen lassen. Karpfen auf einer Platte servieren und Brühe durch ein Sieb darübergießen. Mit Kartoffelbrei, der mit gehackter Petersilie garniert ist, auftragen.

Panierter Karpfen

1 Karpfen (etwa 1 kg)
Saft von 1 Zitrone
1 Ei
Salz
Mehl
Paniermehl
Öl
20 g Butter
1 Zitrone

Karpfen ausnehmen, säubern, enthäuten und in Stücke schneiden, mit dem Zitronensaft beträufeln und eine Stunde kühl stehen lassen. Fischstücke in leicht gesalzenem Mehl wälzen, in das verquirlte Ei tauchen und in Paniermehl hüllen. Karpfenstücke von beiden Seiten in sehr heißem Öl goldgelb braten. In einer anderen Pfanne Butter zerlassen, in eine Schüssel geben, den fertigen Fisch einlegen und mit Zitronenscheiben garnieren. Dazu werden Salzkartoffeln oder Kartoffelbrei mit Petersilie bestreut gereicht.

Karpfen auf jüdische Art

1 Karpfen (etwa 1 kg)
1 Bund Suppengrün
1 Lorbeerblatt
Salz
4 Zwiebeln
1 Glas Olivenöl
1 Eßlöffel Mehl
½ l Weißwein
Pfeffer
2 Knoblauchzehen
2 Eier
1 Zitrone
1 Bund Petersilie

Karpfen ausnehmen, säubern, enthäuten und in Stücke schneiden. Kopf und Schwanzstück, 1 Zwiebel, Lorbeerblatt und etwas Salz werden in ¾ l Wasser gekocht. Inzwischen wird die Sauce vorbereitet. 3 kleingewürfelte Zwiebeln in ½ Glas Olivenöl glasig werden lassen, Mehl darin bräunen und die Kochbrühe durch ein Sieb dazugießen. Mit Wein, Pfeffer, Salz und zerdrückten Knoblauchzehen aufkochen. Darin die Karpfenstücke auf kleiner Flamme 25 Minuten garen. Fisch herausnehmen und in eine Schüssel legen. Sauce 20 Minuten weiterkochen und noch ½ Glas Öl dazurühren. Fisch mit der Sauce übergießen und kaltstellen. Vor dem Anrichten mit gekochten Eistücken, Zitronenscheiben und Petersilie garnieren. Dazu wird geröstetes Toastbrot mit Butter gereicht.

Haben Hering und Karpfen auch Vorrang in der polnischen Küche, so gibt es doch noch viele andere Wasserbewohner und Arten ihrer Zubereitung, die hier ebenfalls nicht zu kurz kommen sollen.

Hecht nach Fischerart

750 g Hecht
1 Bund Suppengrün
Öl
Salz
2 Eßlöffel Mehl
½ Muskatnuß
½ Becher Sahne

Hecht ausnehmen, säubern, in Filets schneiden, salzen und eine halbe Stunde kühl stehen lassen. Suppengrün in Würfel schneiden, mit 4 Eßlöffeln Öl und etwas Wasser dünsten. Fisch von beiden Seiten mit Mehl bestreuen und in heißem Öl braten. Fertigen Hecht in die Tunke mit Gemüse einlegen, mit Salz und geriebener Muskatnuß würzen und unter Zugabe der Sahne noch 10 Minuten dünsten. Passende Beilage sind Klöße aus gekochten Kartoffeln.

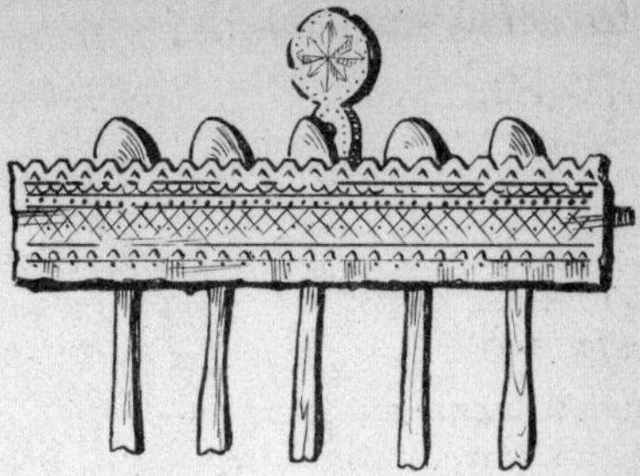

Fischschaschlik »An der Weichsel«

500 g Filets vom Hecht
3 große Zwiebeln
400 g Speck
3 frische oder marinierte Paprikaschoten
Öl
Salz
Pfeffer

Filets vom Hecht in dicke Würfel schneiden und leicht klopfen. Zwiebeln, Speck und Paprikaschoten werden in Scheiben geschnitten und mit dem Fisch abwechselnd auf Spieße gesteckt. Mit Salz und Pfeffer bestreuen, in heißem Öl braten und sofort mit gekochtem Reis, gebackenen Tomaten und Gemüsesalat servieren.

Heilbutt in pikanter Sauce

750 g Heilbutt
2 Eßlöffel Weizenmehl
1 Teelöffel Kartoffelmehl
Öl
1 Zwiebel
Margarine
5 Eßlöffel Tomatenketchup
1 Teelöffel Senf
Salz
Pfeffer
Zucker
Saft von ½ Zitrone

Heilbutt ausnehmen, säubern, in Portionen schneiden, salzen und 1 Stunde kühl stellen. Weizenmehl, Kartoffelmehl und etwas Pfeffer vermengen, Fischportionen darin wälzen und in heißem Öl braten. In anderer Pfanne gewürfelte Zwiebel in Margarine bräunen und mit einem halben Löffel Mehl Mehlschwitze machen. Unter ständigem Rühren werden Ketchup, Senf, Salz, Pfeffer, eine Prise Zucker und Zitronensaft hinzugefügt. Wenn die Sauce fertig ist, werden die Fischstücke darin noch 10 Minuten gedünstet. Als Beilage sind Salzkartoffeln zu empfehlen. Man kann den Heilbutt auch kalt mit Brot essen.

Gefüllter Hecht altpolnisch

1 Hecht (etwa 1 kg)
1 Zwiebel
1 Mohrrübe
½ Tasse Essig
Pfefferkörner
1 Stück Sellerie
1 Lorbeerblatt
Salz

Füllung:
50 g Butter
200 g Champignons
1 Brötchen
Milch
1 Eigelb
½ Muskatnuß
Salz
1 Bund Petersilie

Gelee:
1 Eiweiß
Fischsud
50 g Gelatine

Garnierung:
2 Eier
2 Delikateßgurken
1 Mohrrübe
1 rote Paprikaschote

Zwiebel, Mohrrübe, Essig, Sellerie, Pfefferkörner, Lorbeerblatt und Salz werden in einem großen Gefäß mit Wasser aufgekocht. Hecht ausnehmen (Kopf und Schwanz werden nicht entfernt), säubern, Fischfleisch vorsichtig herausschaben und Rückgrat entfernen. Fischfleisch in einem Metallsieb oder Drahteinsatz einige Minuten über den kochenden Sud legen und nach Entfernen der Gräten durch den Fleischwolf drehen.

Nun wird die Füllung hergestellt. Butter schaumig rühren, dabei das Eigelb hinzufügen. Vorher gekochte Champignons kleinhacken und zusammen mit Fischfleisch, Gewürzen und gehackter Petersilie darunterrühren. Dann wird alles in die eingesalzene Fischhaut gefüllt und zugenäht. Fisch in den Einsatz über dem kochenden Sud legen und bei geschlossenem Deckel 1 Stunde dämpfen.

Fertigen Fisch herausnehmen. Sud auf 1 l auffüllen, mit Gewürzen abschmecken und mit einem Eiweiß unter ständigem Schlagen aufkochen, durch ein Sieb gießen und die in kaltem Wasser eingeweichte Gelatine dazurühren. In eine längliche Schüssel davon eine Bodenschicht gießen und erstarren lassen. Den Rand dieser Schicht mit Scheiben der gekochten Eier, Gurken, gekochten Mohrrübe und der Paprikaschote garnieren. Wieder eine Schicht darübergießen und erstarren lassen. Darauf den Hecht legen und mit dem Rest der Gelierflüssigkeit begießen und ebenfalls erkalten lassen. Die Schüssel einen Augenblick in warmes Wasser tauchen und auf eine Platte stürzen.

An diesem Meisterwerk können sich Gaumen und Auge gleichermaßen erfreuen. Verfeinert wird das alles noch durch die Beigabe von Remoulade oder Sauce Tatar. Und da Fisch bekanntlich schwimmen muß, reicht man dazu einen leichten Weißwein.

Zander tatarisch

1 Zander
2 Zwiebeln
1 Eßlöffel Butter
¾ l saure Sahne
2 Eßlöffel Kapern
10 Oliven
1 Zitrone
1 Bund Petersilie

Zander ausnehmen, säubern, abschuppen, in Stücke schneiden und salzen. Mit Butter leicht anbraten, mit dem Saft der geriebenen Zwiebeln beträufeln und Sahne dazugeben. Auf kleiner Flamme dünsten und nach und nach Scheiben der geschälten Zitrone, Kapern und Oliven dazugeben. Fischstücke auf eine vorgewärmte Platte legen, Sauce noch einmal kurz aufkochen und über den Fisch gießen. Mit gehackter Petersilie bestreuen und mit Salzkartoffeln reichen.

Zur Krönung der Fischgerichte greifen wir noch einmal auf Adam Mickiewicz und seinen »Pan Tadeusz« zurück:

> Hechte, große und kleine und ellenlange, man glaubt's kaum,
> Flundern und Karpfen, große und alte, aber auch zarte!
> Schließlich ein ungeteilt kunstvoller Fisch – ein Küchengeheimnis,
> Der ist am Kopfe gebacken, dann in der Mitte gebraten,
> Schließlich liegt ein Ragout mit herzhafter Sauce am Schwanze.

So beschreibt der Dichter ein Schlemmermahl der polnischen Fischkochkunst. Also versuchen wir auch unser Glück.

Das, was aus Italien kam...

Fremdländische Einflüsse haben für die Entwicklung der polnischen Küche bei Hofe und unter dem einfachen Volk eine große Rolle gespielt. Hierfür waren in einem gewissen Maße allgemeine europäische Modeerscheinungen kulinarischer Art, aber auch historische Ereignisse, wie die Union mit Litauen oder die Teilungen Polens maßgebend. Die Kartoffel kam zum Beispiel aus Deutschland und wurde erst etwa seit 1810 in größerem Umfang angebaut, bis sie ein ausgesprochenes Volksnahrungsmittel wurde.

Der bereits erwähnte König Jan Sobieski schickte seiner Frau Maria Kasimiera die ersten Kartoffeln aus Wien, die sie im Garten des Schlosses Wilanów bei Warschau anbauen ließ. Sie konnte sich allerdings nicht genug wundern, warum ihr Mann ihr diese Knollen geschickt hatte, die so unscheinbare Blüten hervorbrachten. Die Königin hatte die Kartoffeln für Blumen gehalten.

Und noch zu Zeiten Augusts III. von Sachsen, der von 1733 bis 1763 auch polnischer König war, war die Kartoffel eine königliche Delikatesse. Das sollte sich erst um die darauffolgende Jahrhundertwende ändern.

Der italienische Ursprung des Gemüses ist bis in unsere Zeit dokumentiert. In der polnischen Sprache gibt es bis heute kein entsprechendes Wort für Suppengemüse oder Suppengrün, wie es auch genannt wird. Es heißt Włoszczyzna – das, was aus Italien kam. Allgemein verbreitete sich dieses Gemüse in der Zeit der Renaissance, als italienische Architekten und Bauleute nicht nur Baupläne, sondern auch die Gewohnheit der regelmäßigen Verwendung von Suppengrün mitbrachten. Zuerst wurde es in der Umgebung von Warschau angebaut. Heute ist diese Gegend längst ein Stadtteil der polnischen Hauptstadt, der »Włochy« (Italien) heißt.

In der alten und neuen polnischen Küche bildet das Gemüse nicht nur die Grundlage für viele Suppen, sondern gehört auch zur Zubereitung einiger Fleischgerichte. Und für Städter ist es bis heute sehr erstrebenswert, Gemüse und Obst am besten frisch vom Erzeuger in Markthallen oder auf kleineren und größeren Bauernmärkten zu kaufen. Der bekannte Satiriker Swiatopek Karpińsky schrieb einmal über dieses Milieu:

Da geht in den Markthallen Stimmengewirr wie die Sonne auf.
Die Kramläden versinken in der Menschenflut wie überschwemmte Dörfer.
Tausende Hände wühlen schon in Gemüsekörben;
Ein wütender Sturm bricht über den Obstbergen los.

Wenn ein Tourist ein fremdes Land kennenlernt, dann gehört meistens die Erinnerung an typische Nationalgerichte zu seinen schönsten Erlebnissen. Das ist auch in Polen nicht anders. Doch weiß der unkundige Ausländer oft nicht, daß solche Speisen häufig aus dem Osten kamen, obwohl sie heute fester Bestandteil der polnischen Küche sind.

Ausgezeichnete Suppen, Pasteten, Salate oder Fleischgerichte sind litauischen, ukrainischen, russischen oder gar tatarischen Ursprungs. Es sei hier nur an die kalte litauische Suppe »Chłodnik«, an russischen und ukrainischen Borschtsch, an die Pastete »Kulebiak«, an tatarischen Hering, tatarische Sauce oder an die litauische Suppe »Kołduny« erinnert. Wobei der letztere Name irreführend ist. Dieser Name hat zwar seinen sprachlichen Ursprung in dem Wort Kaldaunen, es handelt sich hier aber keinesfalls um die Eingeweide eines Rindes oder Schweines, sondern um kleine, scharfgewürzte Fleischpastetchen, die gewissermaßen die Eingeweide für eine Suppe mit diesem Namen bilden. Die altpolnische Kaldaunensuppe hat ihre Nachfolgerin in den so beliebten »Flaki« (Kuttelflecken), von denen schon an anderer Stelle die Rede war.

Sieht man sich dagegen beispielsweise in Krakau um, so erinnern das Milieu und das Angebot von verschiedenen Kaffeerezepten oder phantasiereichen Gebäckarten durchaus an Wiener Charme und Kaffeehaus-Romantik.

Doch sei an dieser Stelle auch hinzugefügt, daß es sich bei solchen Speisen keinesfalls nur um ausländische Kopien handelt, sondern um traditionelle Speisen und Getränke, die nur ihren Ursprung woanders haben.

Fleischgerichte

Fleisch gehört in Polen seit eh und je zu den Hauptnahrungsmitteln und wurde – den Einkommensverhältnissen entsprechend – immer reichlich gegessen. Kein Wunder also, daß die betreffenden Rezepte in reicher Auswahl zur Verfügung stehen. Deshalb wurde hier auf das herkömmliche Kotelett oder Schnitzel, wie es in deutschen Landen auch gang und gäbe ist, verzichtet. Das wohl typischste Nationalgericht soll hier den Anfang machen.

Bigos

750 g Sauerkraut
500 g Weißkraut
3 Lorbeerblätter
30 g getrocknete Pilze
2 Eßlöffel Schmalz
1 große Zwiebel
300 g Rindfleisch
200 g Schweinefleisch
250 g geräucherte Wurst
2 Eßlöffel Pflaumenmus
Salz
Pfeffer
1 Tasse Rotwein

Das Sauerkraut mit den vorher eingeweichten Pilzen und Lorbeerblättern kochen, später das Weißkraut hinzufügen. In einem anderen Gefäß das in Würfel geschnittene Fleisch mit der kleingehackten Zwiebel in Schmalz anbraten und ebenso wie die in dünne Scheiben geschnittene Wurst und das Pflaumenmus in das Kraut geben. Auf kleiner Flamme weiterkochen lassen, bis das Fleisch weich und fast keine Flüssigkeit mehr vorhanden ist. Nun den Rotwein unterrühren und noch einmal aufkochen lassen. Mit Salz und Pfeffer abschmecken. Am besten gerät Bigos, wenn man ihn mehrere Tage vorher zubereitet und täglich einmal aufwärmt. So entstehen das gute Aroma, die typisch braune Farbe und der hervorragende Geschmack. Kann sowohl mit verschiedenen Arten Kartoffeln wie auch mit Brot gegessen werden.

Gebackenes Eisbein

4 Portionsstücke Eisbein
2 Lorbeerblätter
1 große Zwiebel
8 Gewürzkörner (Piment)
Salz
100 g Schmalz

Die Eisbeinstücke in Salzwasser mit den Gewürzen und der in Streifen geschnittenen Zwiebel eine Stunde kochen, dann herausnehmen und in einer Pfanne mit dem Schmalz von allen Seiten anbraten. Weitere 30 bis 40 Minuten bei mittlerer Hitze in der Bratröhre backen, dabei mehrmals mit kaltem Wasser beträufeln. Mit Sauerkraut und Erbspüree oder weichgekochten gelben Erbsen servieren.

Danziger Schweinerücken

1 kg Schweinerücken
2 Bund Suppengrün
100 g Schmalz
1 Becher süße Sahne
Pfeffer
Salz
200 g Tomatenmark
3 Eßlöffel Mehl
1 Teelöffel scharfer Paprika

Das Fleisch mit Salz und Pfeffer einreiben, von allen Seiten in Schmalz anbraten und dann zusammen mit dem Gemüse dünsten, bis es gar ist. Fleisch und Gemüse aus dem Sud nehmen, Mehl, Tomatenmark und Paprika einrühren, aufkochen lassen und mit Salz und Pfeffer abschmecken. Zum Schluß die Sahne unterrühren. Das herausgenommene Gemüse und Kartoffeln sind die Beilage.

Königliches Kotelett

1 kg Kotelettstück
(ohne Längsknochen)
2 Knoblauchzehen
Majoran
Kümmel
Salz
100 g Champignons
Aluminiumfolie

Das Fleisch mit zerdrückten Knoblauchzehen und den anderen Gewürzen von allen Seiten einreiben, auf ein Stück eingefettete Alufolie legen und mit den in Scheiben geschnittenen Champignons bedecken. Folie dicht verschließen und anderthalb Stunden in die auf 200 Grad C vorgeheizte Backröhre geben. Danach die Folie öffnen, die Sauce abgießen und das Fleisch noch 10 Minuten bräunen lassen. Das Kotelettstück in Scheiben schneiden und mit Kartoffeln und grünen Erbsen anrichten.

Koteletts auf Goralenart

4 Kotelettscheiben
Salz
Mehl
50 g Schmalz
Paprika
2 Zwiebeln
500 g Sauerkraut
3 Knoblauchzehen
½ Glas Sahne

Koteletts klopfen, salzen und von beiden Seiten mit Mehl bestreuen, ebenfalls von beiden Seiten in Schmalz anbraten, mit Paprika bestreuen. In einem anderen Topf die kleingewürfelten Zwiebeln in Fett glasig werden lassen und mit etwas Wasser zum Fleisch geben. Alles zusammen 10 Minuten dünsten lassen. Nun das Fleisch herausnehmen, das Sauerkraut und die kleingehackten Knoblauchzehen in der Sauce dünsten. Dann in einen Schmortopf eine Schicht Sauerkraut füllen, die Koteletts darauf legen und darauf wieder eine Schicht Sauerkraut geben. Zudecken und bei etwa 200 Grad C in die Backröhre stellen, nach 20 Minuten die Sahne zugießen und noch einmal 15 Minuten in die Backröhre schieben. Sofort heiß mit Salzkartoffeln servieren.

Schweinebauch in pikanter Sauce

500 g Schweinebauch
Salz
4 Pfefferkörner
4 Gewürzkörner (Piment)
1 Zwiebel
1 Lorbeerblatt
4 Eßlöffel Mehl
1 Eßlöffel Tomatenmark
1 Eßlöffel Senf
1 saure Gurke

Schweinebauch in Würfel schneiden, salzen und mit der kleingeschnittenen Zwiebel und den Gewürzen in kaltem Wasser ansetzen und weichkochen. Das Mehl in etwas erkalteter Brühe anrühren, aufs Feuer stellen und unter ständigem Rühren die übrige, durchgesiebte Brühe nachfüllen. Nach dem Aufkochen Tomatenmark, Senf und die kleingewürfelte Gurke darunterrühren. Das Fleisch in die Sauce geben und mit Salzkartoffeln auftragen.

Schweinegulasch mit Bier

500 g mageres Schweinefleisch
1 große Zwiebel
40 g Margarine
2 Scheiben Brot
Salz
Pfeffer
Kümmel
1 Knoblauchzehe
1 Glas Bier (1/4 l)

Fleisch und Zwiebel in Würfel schneiden und in der Margarine bräunen, die Brotscheiben dazugeben und noch etwas braten. Mit Salz, Pfeffer, Kümmel und zerdrücktem Knoblauch würzen, das Bier dazugeben und 25 Minuten zugedeckt auf kleiner Flamme garen. Mit Salzkartoffeln und sauren Gurken servieren.

Kaschubisches Rindfleisch

700 g Schulterstück vom Rind ohne Knochen
Salz
Majoran
3 Zwiebeln
10 Knoblauchzehen
Pfeffer
50 g Schmalz

Das Fleisch salzen und mit Majoran bestreuen, mit in Scheiben geschnittenen Zwiebeln und kleingehackten Knoblauchzehen bedecken. In einem Topf zugedeckt 24 Stunden kühlstellen. Danach Zwiebeln und Knoblauch entfernen, das Fleisch mit Pfeffer einreiben und von zwei Seiten in stark erhitztem Fett schnell anbraten, in die Backröhre stellen und unter mehrmaligem Besprühen mit kaltem Wasser bei mittlerer Hitze backen. Als Beilagen werden Buchweizengrütze und Pilzsauce gereicht.

Filet »Czarnolas«

Marinade:
1 Bund Suppengrün
Salz
Pfeffer
Wacholderkörner
Gewürzkörner (Piment)
2 Lorbeerblätter
1 große Zwiebel
2 Eßlöffel Öl
½ Tasse Essig

Füllung:
10 g getrocknete Pilze
500 g frische Champignons
Salz
Pfeffer
Muskat
6 Eigelb
Semmelbrösel
3 Zwiebeln
200 g Butter

Braten:
2 kg Rinderfilet
30 g Mehl
250 g Schmalz
150 g Butter
2 frische Wacholderzweige

Mit den angegebenen Zutaten und Wasser Marinade aufkochen und abkühlen lassen. Das Filetstück wird aufgeschnitten und so geklopft, daß man ein Rechteck von 10 bis 15 cm Stärke erhält. Einige Stunden in die Marinade legen (mehrmals umwenden).

Die vorher eingeweichten Pilze kochen und ebenso wie die Champignons kleinschneiden. Kleingehackte Zwiebeln in Butter anbraten, Pilze, Champignons, Salz, Pfeffer und geriebene Muskatnuß dazutun und gut dünsten. Geschlagene Eigelb und Semmelbrösel hineinrühren und abkühlen lassen.

Die Füllung nun auf das Fleisch legen, das zusammengeklappt und wie eine Roulade verschnürt wird. In Mehl wenden und in heißem Schmalz braten. Bratfett abgießen, Butter, Marinade mit Suppengrün und Gewürzen hinzufügen und 20 Minuten in die Backröhre stellen. Kurz vor Ende der Backzeit die Wacholderzweige dazugeben. Die Sauce abgießen, eine Mehlschwitze daranrühren und mit Salz und Pfeffer abschmecken. Das abgekühlte Fleisch in dicke Scheiben schneiden, auf Kartoffeln oder Reis anrichten und für einen Moment in die heiße Backröhre geben. Anschließend leicht mit Sauce übergießen. Den Rest der Sauce dazu reichen.

Rindfleischscheiben (Zrazy)

1 kg Rindfleisch ohne Knochen
30 g getrocknete Pilze
50 g Schmalz
30 g Kartoffelmehl
Pfeffer
Salz
2 Knoblauchzehen
Basilikum
Thymian
Wacholderbeeren

Vorher eingeweichte Pilze kleinschneiden und kochen. Fleisch in dicke Scheiben schneiden und klopfen, in heißem Schmalz anbraten, danach im Pilzsud weiterdünsten. Mit zerdrücktem Knoblauch und allen anderen Gewürzen und Kräutern einen Sud kochen, zum Fleisch geben und mit Kartoffelmehl andicken. Mit Buchweizengrütze auftragen.

Rindsschnitzel in Sahnesauce

600 g Rindfleisch ohne Knochen
50 g Schmalz
20 g Mehl
2 Zwiebeln
1 Tasse süße Sahne
Salz
1 Teelöffel gehackte Petersilie

Fleisch enthäuten und quer zum Gewebe in vier Stücke schneiden, klopfen und mit Mehl bestäuben. Die Schnitzel in stark erhitztem Fett von beiden Seiten anbraten und dann in einen breiten Topf geben. Zwiebeln in Ringe schneiden, gesondert bräunen, zum Fleisch geben und mit etwas Wasser auffüllen. Auf kleiner Flamme dünsten, bis alles weich ist. Etwas Mehl einrühren, aufkochen lassen und die Sahne hinzufügen. Als Beilagen Kartoffeln und Rohkostsalat auftragen, die Rindsschnitzel mit der Petersilie bestreuen.

Husarenbraten

750 g Roastbeef ohne Knochen
150 g magerer Speck
2 Zwiebeln
20 g getrocknete Pilze
1 Becher süße Sahne
Semmelbrösel
Salz
Pfeffer
Muskat
3 Eßlöffel Butter
2 Eigelb
1 Eßlöffel Mehl

Das Fleisch in der Mitte einschneiden (fast durchschneiden) und aufklappen. Vorher eingeweichte Pilze kochen, kleinschneiden und zusammen mit kleingewürfeltem Speck und Zwiebeln in 1 Eßlöffel Butter bräunen. Semmelbrösel mit der Sahne verrühren, mit Salz, Pfeffer und geriebener Muskatnuß würzen und dazugeben. Aufkochen lassen und danach die Eigelb darunterrühren. Mit dieser Füllung beide Seiten des aufgeklappten Roastbeefs bestreichen, zusammenklappen und fest verschnüren. In 2 Eßlöffeln Butter von allen Seiten anbraten und dann 2 Stunden schmoren. Die Bratensauce mit dem Mehl etwas andicken.

Hammelkeule in Scheiben

750 g Hammelkeule ohne Knochen
1 Zwiebel
1/4 l Fleischbrühe
20 g Mehl
3 große Kartoffeln
1 Eßlöffel Butter
Salz
Pfeffer
Majoran

Fleisch in Scheiben schneiden, klopfen, mit Pfeffer einreiben und mit Mehl bestäuben. Fleischscheiben in einen Schmortopf legen, darauf kommt eine Schicht von geschälten und in dünne Scheiben geschnittenen Kartoffeln und darauf eine Schicht geriebene Zwiebel. Fleischbrühe darübergießen und zum Schluß die Butter darauf. Alles zusammen 1 Stunde schmoren lassen und in dieser Zeit Salz und Majoran hinzufügen. Mit Kartoffelpüree und Mischgemüse servieren.

Gefüllte Kalbsschnitzel

4 große Kalbsschnitzel
100 g roher Schinken
100 g Schweinehack
2 Zwiebeln
2 Eßlöffel Schmalz
2 Eßlöffel saure Sahne
1 Eigelb
4 Sardellenfilets
6 Kapern
1 Teelöffel Petersilie

Die Schnitzel klopfen, mit Salz und Pfeffer bestreuen. Zwiebeln in Ringe schneiden und in dem Fett andünsten. Der rohe Schinken wird fein gewürfelt, mit dem Schweinehack vermengt und zu den Zwiebeln gegeben. Kurz anbraten, dann Eigelb und saure Sahne darunterrühren. Nun noch Sardellen, Kapern und Petersilie hakken und mit der Füllung vermischen. Die Schnitzel werden je zur Hälfte damit belegt, die andere Hälfte darübergeklappt und mit Faden oder Rouladennadeln zusammengehalten. Dann die Schnitzel in zugedeckter Pfanne in Schmalz 20 Minuten dünsten. Mit Kartoffelpüree und frischen Salaten auftragen.

Pastete »Kulebiak«

Teig:
350 g Mehl
20 g Hefe
2 Eier
50 g Butter
½ Tasse Milch
Zucker
Salz

Füllung:
350 g Weißkohl
350 g Sauerkraut
350 g Schweinefleisch, im eigenen Saft geschmort
1 Zwiebel
30 g Schmalz
Pfeffer
Salz

Für die Füllung Sauerkraut und Weißkohl zusammen in leicht gesalzenem Wasser weichkochen, in einem Sieb abtropfen lassen und durch den Wolf drehen. In Scheiben geschnittene Zwiebeln in dem Schmalz anbräunen, das Kraut zugeben, anschmoren und mit Salz und Pfeffer abschmecken. Kleingeschnittenes Fleisch dazugeben und gut vermischen.

Für den Teig 4 Eßlöffel Mehl in wenig warmem Wasser verquirlen, darin die Hefe auflösen und eine Prise Zucker dazugeben. Warmstellen bis alles aufgegangen ist. Dann das übrige Mehl, 1 Ei und 1 Eigelb, Salz und die zerlassene Butter hinzugeben und den Teig kneten, bis sich kleine Blasen zeigen. Nun mit Mehl bestäuben und wieder warmstellen, bis der Teig aufgeht. Danach auf einem mit Mehl bestäubten Kuchenbrett ½ cm dick ausrollen. In die Mitte dieses Rechtecks die Füllung legen und die Ecken des Teigs übereinanderschlagen. Alles auf ein gut eingefettetes und mit Mehl bestäubtes Blech legen, die Oberfläche mit Eiweiß bepinseln und in vorgeheiztem Ofen 1 Stunde bei mittlerer Hitze backen. Danach in Portionsstücke schneiden und mit zerlassener Butter servieren.

Kalbspastete

500 g Kalbfleisch
400 g Kalbsleber
250 g Schweinebauch
60 g Speck
10 g getrocknete Pilze
100 g Zwiebeln
1 Bund Suppengrün
3 Brötchen
3 Eier
2 Lorbeerblätter
Gewürzkörner (Piment)
Pfeffer
Muskat
Ingwer
30 g Schmalz

Kalbfleisch, Schweinebauch, Suppengrün, vorher eingeweichte Pilze und die Gewürze 1½ Stunden mit Wasser auf kleiner Flamme kochen. Zwischendurch salzen und in der letzten halben Stunde den Speck dazugeben. Leber enthäuten und in einem Teil der Fleischbrühe dünsten. Brötchen im Rest der Brühe einweichen. Alles zusammen (ohne den Speck) zweimal durch einen Fleischwolf drehen, Salz, Pfeffer und Muskat dazugeben und gut vermengen. Eine Form einfetten und den Boden mit dem in Streifen geschnittenen Speck auslegen. Teigmasse in die Form geben (zu ¾ gefüllt) und in Dampfbad kochen, bis das Fett nach oben steigt. Erkalten lassen, aus der Form stürzen und mit pikanter Sauce essen. Am besten frisches Weißbrot dazu reichen.

Altpolnische Pastete

250 g Kalbfleisch
250 g Schweinefleisch
250 g Rindfleisch
750 g Bauchfleisch vom Schwein
350 g Leber
3 Eier
1 Bund Suppengrün
Lorbeerblatt
1 Zwiebel
Majoran
Pfeffer
Salz
Muskat
2 Brötchen

Alles Fleisch mit Suppengrün und Gewürzen auf kleiner Flamme mit etwas Wasser 1½ Stunden dünsten, kurz vor Schluß die enthäutete Leber hinzufügen. Erkalten lassen und dreimal durch einen Fleischwolf drehen. In der Brühe die Brötchen einweichen und ebenfalls durchdrehen, dann zusammen mit den 3 Eigelb zu der Masse geben. Die Eiweiß schlagen und zuletzt darunterrühren. In eine Form geben und so lange backen, bis das Eiweiß nach oben kommt. Erkalten lassen und aufschneiden. Mit Weißbrot und frischem Salat servieren.

Dominikanerklopse

700 g Tatar
150 g Speck
2 Zwiebeln
1 Eßlöffel Senf
1 Eßlöffel Tomatenmark
Pfeffer
Salz
20 g Mehl
100 g Schmalz
1 Becher süße Sahne

Tatar, gewürfelter Speck, kleingehackte Zwiebeln, Senf, Tomatenmark, Pfeffer und Salz werden gut vermengt und zu flachen Klopsen geformt. Diese werden mit Mehl paniert, von beiden Seiten in heißem Schmalz angebraten und dann gedünstet. An die Bratensauce wird die Sahne gerührt (bei Bedarf noch etwas mit Mehl andicken). Die Klopse können kalt oder warm mit Kartoffeln oder Brot gegessen werden.

Kurpische Kohlrouladen

1 Weißkohl
1 Hühnchen
250 g Buchweizengrütze
30 g getrocknete Pilze
2 Eier
50 g Schmalz
2 Zwiebeln
Salz
Pfeffer

Den ganzen Kohl kochen, Blätter auseinandernehmen und abkühlen lassen. Die Grütze körnig kochen, vorher eingeweichte Pilze ebenfalls kochen und zerkleinern, kleingewürfelte Zwiebeln in Fett dünsten und alles vermengen. Das Hühnchen kochen, von den Knochen befreien, das Fleisch zerkleinern und zusammen mit den Eiern zu der Masse geben, mit Pfeffer und Salz würzen und gut vermengen. Nun die Kohlblätter damit füllen, zusammenwickeln und mit Faden verschnüren und dünsten. Mit Salzkartoffeln und Pilzsauce servieren.

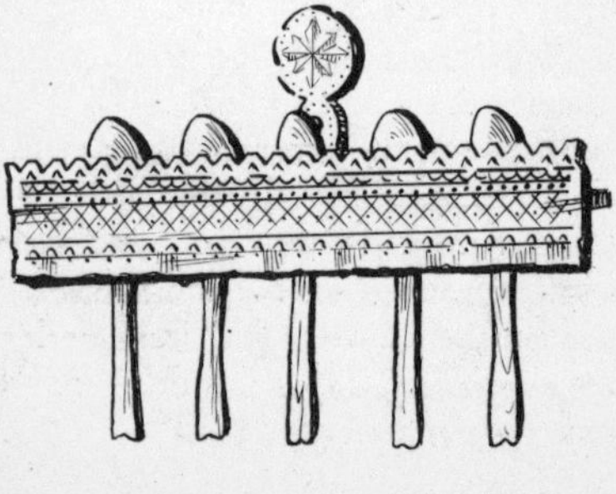

Geflügel auf vielerlei Art

In den Auslagen der Geschäfte vieler Länder kann man sich davon überzeugen, daß polnische Gänse, Enten oder Hühner einer der bekanntesten Exportartikel sind. Geflügel aller Art gehört aber auch in Polen selbst zu den beliebtesten Speisen. Hier kann man wieder an der Vielfalt und Unterschiedlichkeit der Zubereitungsarten unschwer feststellen, daß so manche fremdländische Einflüsse nicht ohne Folgen geblieben sind.

Krakauer Gans

1 junge Gans
Salz
Majoran
2 Knoblauchzehen
500 g Backpflaumen
3 Tassen Wasser

Die ausgenommene und gesäuberte Gans wird innen und außen mit einem Gemisch von Salz, Majoran und zerdrücktem Knoblauch eingerieben und in der Pfanne mit dem heißen Wasser übergossen. Die vorher eingeweichten Backpflaumen dazugeben und alles auf kleiner Flamme dünsten, bis die Gans weich ist. Sofort mit lockerem Weißbrot servieren.

Gans oder Ente kaschubisch

750 g Gänse- oder Entenfleisch
1 Kohlrübe
1 kg Kartoffeln
Majoran
Salz
Pfeffer

Das Fleisch wird gekocht, die in Streifen geschnittene Kohlrübe und Majoran in das siedende Wasser dazugegeben. Wenn alles weich ist, Fleisch und Kohlrübenschnitzel herausnehmen und gewürfelte Kartoffeln in der Brühe kochen. Wenn sie gar sind, alles zusammen aufwärmen, salzen und pfeffern und 15 Minuten ziehen lassen. In tiefen Tellern wie ein Eintopfgericht servieren.

Ente auf Königsart

1 Ente
100 g Schmalz
1 Tasse Fleischbrühe
4 Zwiebeln
Salz
Majoran
2 Gläschen Rum
4 Pfirsiche
1 Eßlöffel Zucker
Zimt
Ingwer
1 Teelöffel Kartoffelmehl

Die Ente innen und außen mit Salz und Majoran einreiben und in heißem Fett anbraten. Dann mit einem Gläschen Rum übergießen und anzünden. Fleischbrühe und Zwiebeln dazugeben und zugedeckt anderthalb Stunden dünsten lassen. Inzwischen die entkernten Pfirsiche enthäuten, mit Zucker bestreuen und im eigenen Saft dünsten. Die Ente mit den Pfirsichen darum auf eine Bratenplatte legen. Bratensauce, Pfirsichsaft, etwas gemahlenen Zimt und Ingwer, 1 Gläschen Rum verrühren und mit Kartoffelmehl binden. Diese Sauce über die Ente mit den Pfirsichen gießen und 10 Minuten bei mittlerer Hitze in den Ofen stellen. Danach mit Reis auftragen.

Pommersche Ente

1 Ente
200 g Buchweizengrütze
250 g Kartoffeln
2 Eier
Schmalz
3 Eßlöffel Majoran
Salz
Pfeffer
1 Zwiebel

Die ausgenommene und gesäuberte Ente wird innen und außen mit einer Mischung aus Salz und Majoran eingerieben. Die Buchweizengrütze salzen und mit Wasser halbweich kochen. Die rohen Kartoffeln schälen und reiben (Kartoffelwasser abgießen) und mit der Grütze vermengen. In diesen Teig die Eier schlagen, die kleingewürfelte und in Fett gedünstete Zwiebel, 2 Eßlöffel Majoran, Salz und Pfeffer nach Geschmack (recht scharf) dazugeben und gut vermengen. Mit der Masse die Ente füllen und die Öffnungen gut vernähen. In einer mit Schmalz ausgeriebenen Pfanne wird die Ente in der Bratröhre bei mittlerer Hitze anderthalb Stunden gebacken. Von Zeit zu Zeit mit 2 bis 3 Eßlöffeln kaltem Wasser begießen. Zum Schluß zudecken und bei kleiner Flamme noch 10 Minuten ziehen lassen. Die fertige Ente in Portionen teilen und heiß oder kalt mit Rohkostsalat servieren.

Schwarzsauer von Gans oder Ente

Geflügelklein und Blut von Gans oder Ente
getrocknete Äpfel und Birnen
50 g Zucker
1 Zimtstange
Gewürzkörner (Piment)
Nelken
10 g Mehl
Essig
Salz
Majoran

Geflügelklein in Salzwasser langsam weichkochen. Gleichzeitig vorher eingeweichte Äpfel und Birnen mit Zucker, Zimtstange, Gewürzkörnern und Nelken kochen. Geflügelbrühe und Obstsaft (beides kalt) mit Mehl und Gänse- oder Entenblut verquirlen und über das Geflügelklein gießen. Mit Essig, Zucker, Salz und Majoran abschmecken und vorsichtig aufkochen. Als Beilage passen am besten Mehlklöße oder Klöße von gekochten Kartoffeln.

Huhn auf polnische Art

1 mittelgroßes Huhn
3 Eßlöffel Butter
1 Ei
1 Brötchen
Milch
1 Bund Petersilie
Salz

Das ausgenommene und gesäuberte Huhn innen und außen mit Salz einreiben und 1 Stunde kühlstellen. In einer Schüssel einen Eßlöffel Butter mit dem Eigelb verrühren, das in Milch eingeweichte und ausgedrückte Brötchen hinzufügen, ebenfalls die rohe Leber und das Herz des Huhns, nachdem man es durch den Fleischwolf gedreht hat. Ein Bund Petersilie hacken und dazugeben, dann die Masse salzen und gut vermengen. Danach das geschlagene Eiweiß hineinrühren. Das Huhn mit diesem Teig füllen, zunähen, mit heißer Butter einpinseln und bei großer Hitze 40 bis 50 Minuten in der Bratröhre backen. Von Zeit zu Zeit mit zwei Eßlöffeln kaltem Wasser besprengen. Das fertige Huhn halbieren, mit neuen Kartoffeln, grüner Gurke und saurer Sahne servieren.

Hühnchen nach Ritterart

1 Hühnchen
Salz
Majoran
100 g Schmalz

Für Piroggen:
1 Weißbrot
Milch
2 Eier
1 Bund Petersilie
Pfeffer
Salz
10 g Mehl
10 g Butter

Das ausgenommene und gesäuberte Hühnchen von innen und außen mit Salz einreiben, im Schmalz anbraten und bei mehrmaligem Beträufeln mit kaltem Wasser 40 Minuten bei großer Hitze in der Bratröhre backen. Inzwischen die Piroggen zubereiten. Das Innere des Weißbrotes wird in Milch eingeweicht, mit zwei hartgekochten und kleingewürfelten Eiern, der gehackten Petersilie, zwei rohen Eiern, Pfeffer, Salz und einer Mehlschwitze zu einem Teig vermengt. Daraus handtellergroße Piroggen formen und in dem Bratfett des Hühnchens braten. Dazu ein Bier servieren.

Truthahn mit Backpflaumen

1 mittelgroßer Truthahn
3 Zwiebeln
200 g Tomatenmark
1 Bund Petersilie
3 Eßlöffel Butter
2 Eßlöffel Mehl
Salz
300 g Zucker
250 g Backpflaumen

Den Truthahn zerteilen und die Portionsstücke mit 2 Eßlöffeln Butter anbraten. Feingehackte Zwiebeln in der restlichen Butter dünsten, mit dem Mehl eine Schwitze anfertigen und das Tomatenmark dazurühren. Nun die Sauce zu den Truthahnstücken geben, salzen, mit warmem Wasser auffüllen und kochen, bis das Fleisch weich ist. Zum Schluß die vorher eingeweichten Backpflaumen und den Zucker dazugeben und noch einmal aufkochen. Mit gehackter Petersilie bestreuen und mit neuen Kartoffeln und frischen Salaten auftragen.

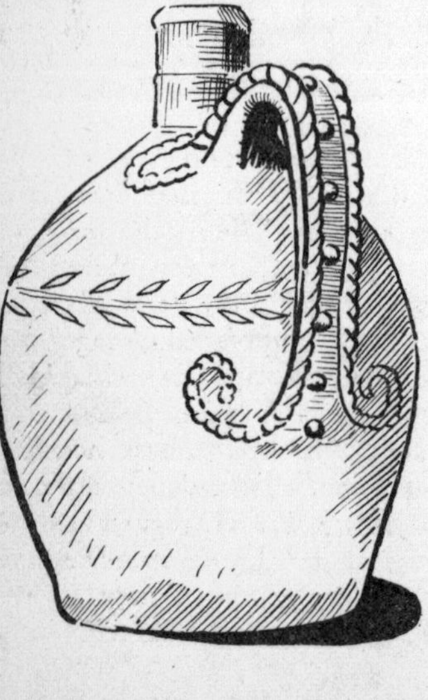

Wild ist der Reichtum der Wälder

Für die Jagdliebhaber aus vielen Ländern ist eine Reise nach Polen in den letzten Jahren groß in Mode gekommen. Das hat seine guten Gründe, denn 27 Prozent der Oberfläche des Landes bestehen aus Wäldern, die zum größten Teil reiche Wildbestände aufweisen. Dieser natürliche Reichtum der Wälder wird sorgfältig gehegt und gepflegt, und günstige Umweltbedingungen tragen natürlich dazu bei. Das Herz jedes Waidmannes schlägt höher, wenn er zum Beispiel in den dichten Wäldern des Bieszczady-Gebirges, die urwaldähnlichen Charakter haben, neben Hirschen, Rehen, Wildschweinen und verschiedenen Wildkatzen auch Bären und Wölfen in freier Wildbahn begegnen kann. Wen nimmt es daher wunder, wenn Wildgerichte ein fester Bestandteil der polnischen Küche sind und im ganzen Lande zahlreiche Gaststätten existieren, die nur solche Speisen anbieten.

Rehrücken in Sahne

Für die Beize:
½ kg Suppengrün
Wacholder
6 Gewürzkörner (Piment)
Lorbeerblatt
3 Zwiebeln
3 Eßlöffel Essig

Für den Braten:
1 Rehrücken
300 g Schmalz
200 g Butter
Salz
Pfeffer
Majoran
2 Knoblauchzehen
½ l saure Sahne
100 g Preiselbeeren

Zuerst mit Suppengrün, Zwiebeln, Essig und den anderen Gewürzen und einer entsprechenden Menge Wasser die Beize kochen. Rehrücken von Sehnen befreien, in dicke Scheiben schneiden und drei bis vier Tage in die abgekühlte Beize legen. Danach in Schmalz goldbraun braten und das Bratfett abgießen. Die Butter dazugeben, mit Salz, Pfeffer, Majoran und den zerdrückten Knoblauchzehen würzen, Wasser aufgießen und 45 Minuten dünsten. Das gare Fleisch herausnehmen und auf einem Teller anrichten. Sahne und Preiselbeeren in die Sauce geben, aufkochen lassen und alles durch ein Sieb rühren. Das Fleisch mit der Sauce übergießen. Mit Kartoffelbrei und Gemüse aus gedünsteten roten Rüben auftragen.

Hirschfilet

1 kg Hirschkeule
40 g Mehl
100 g Schmalz
1 Zwiebel
6 Pfefferkörner
1 Lorbeerblatt
Salz
1 Becher süße Sahne

Hirschkeule enthäuten und in dicke Scheiben schneiden, die geklopft und zu runden Medaillons geformt werden (mit Zwirnsfaden oder Rouladennadeln zusammenhalten). Mit Mehl bestäuben und von beiden Seiten in stark erhitztem Schmalz anbraten. Das Fleisch in einen Schmortopf geben. Im Bratfett die in dünne Streifen geschnittene Zwiebel dünsten und zusammen mit den Gewürzen zum Fleisch geben. Mit Wasser auffüllen und weich schmoren. 30 g Mehl einrühren und die Sahne hinzugeben. Mit Buchweizengrütze und Kartoffelpüree servieren.

Wildschweinbraten

Für die Beize:
1 Bund Suppengrün
2 Zwiebeln
2 Lorbeerblätter
4 Pfefferkörner
½ Tasse Essig
Salz

Für den Braten:
1 kg Wildschweinschinken
50 g Speck
50 g Schmalz
Majoran
Salz
20 g Tomatenmark
1 Tasse Rotwein

Suppengrün, in Scheiben geschnittene Zwiebeln, Lorbeerblätter und Pfefferkörner in Salzwasser aufkochen. Nach dem Abkühlen Essig in die Beize geben. Wildschweinschinken enthäuten, zwei Tage in die Beize legen und mehrmals umwenden. Speck in Streifen schneiden, mit Majoran bestreuen und das Fleisch damit spicken. In Schmalz von allen Seiten braun anbraten, Gemüse aus der Beize hinzugeben, mit Wasser auffüllen und 2½ Stunden auf kleiner Flamme schmoren. Wenn das Fleisch gar ist, wird es in Scheiben geschnitten und wieder in den Schmortopf gelegt. Sauce durch ein Sieb rühren, Tomatenmark und Rotwein hinzufügen und kurz aufkochen. Mit Salzkartoffeln und frischen Salaten anrichten.

Hasenrücken mit Backpflaumen

Für die Beize:
1 Bund Suppengrün
2 Zwiebeln
2 Lorbeerblätter
10 Wacholderbeeren
Majoran
Thymian
Pfeffer
Salz
1 Flasche Rotwein

Für den Braten:
1 Hasenrücken
100 g Speck
100 g Schmalz
1 Tasse Fleischbrühe
12 Backpflaumen
1 großer Apfel
½ Tasse saure Sahne

Suppengrün, in Scheiben geschnittene Zwiebeln und Gewürze 15 Minuten in Wasser kochen, dann durch ein Sieb gießen und nach dem Abkühlen diese Flüssigkeit mit dem Rotwein verrühren. Speck in Streifen schneiden, Hasenrücken damit spicken und dann mit der Beize übergießen. 24 Stunden zugedeckt stehen lassen. Das Fleisch in Schmalz von allen Seiten anbraten, einen Teil der Beize und Fleischbrühe dazugeben und 20 Minuten zugedeckt schmoren. Dann entsteinte Backpflaumen und in Stücke geschnittenen Apfel hinzufügen und weitere 30 Minuten schmoren. Zum Schluß die Sahne an die Bratensauce rühren. Mit Petersilienkartoffeln und frischem Salat servieren.

Hasenbraten in Sahne

Für die Beize:
1 Tasse Essig
Saft von 1 Zitrone
1 große Zwiebel
2 Lorbeerblätter
Pfefferkörner
6 Gewürzkörner (Piment)

Für den Braten:
1 Hasenrücken und Keulen
100 g Speck
80 g Schmalz
¼ l saure Sahne
50 g Mehl
Salz
Pfeffer

Essig, in Scheiben geschnittene Zwiebel und Gewürze in einem halben Liter Wasser aufkochen und erkalten lassen. Fleisch enthäuten und drei bis vier Tage in die Beize legen (mehrmals umwenden). Danach die Fleischstücke spicken und salzen, mit Mehl bestäuben und in stark erhitztem Schmalz anbraten. Zwiebelscheiben aus der Beize dazugeben, Fleisch mit heißem Fett und heißem Wasser beträufeln und bei starker Hitze in die Backröhre geben. Zwei Stunden braten und dabei mehrmals wie oben beträufeln. Den weichen Braten herausnehmen und in Stücke schneiden.

Die Sauce mit restlichem Mehl anrühren, aufkochen lassen, Sahne dazugießen und mit Salz und Pfeffer abschmecken. Mit Kartoffelpüree und Gemüse aus gedünsteten roten Rüben servieren.

Hasenpastete

2 Vorderläufe
Hasenklein
10 g getrocknete Pilze
2 Zwiebeln
1 Lorbeerblatt
6 Pfefferkörner
200 g Schweineleber
2 Brötchen
3 Eier
Salz
Pfeffer
geriebene Muskatnuß
100 g Speck
etwas Schmalz
Semmelbrösel

Das Fleisch der Vorderläufe wird mit den vorher eingeweichten und gekochten Pilzen, 1 Zwiebel, Lorbeerblatt und Pfefferkörnern geschmort. Kurz vor dem Garwerden kommen Hasenklein und Schweineleber hinzu. Im Sud Brötchen einweichen und ausdrücken. Das entbeinte Fleisch zusammen mit einer weiteren Zwiebel in Stücke schneiden und durch den Fleischwolf drehen. Eier, Salz, Pfeffer, geriebene Muskatnuß und etwas Brühe dazugeben und alles zu einer weichen Masse vermengen. Der Speck wird in Streifen geschnitten und in eine mit Schmalz ausgestrichene und mit Semmelbröseln bestreute Form gelegt. Den Fleischteig daraufgeben und bei mittlerer Hitze in der Bratröhre backen, bis das Fett nach oben steigt. Die Pastete abkühlen lassen und nach dem Stürzen auf einer Platte mit Brot und Salaten servieren.

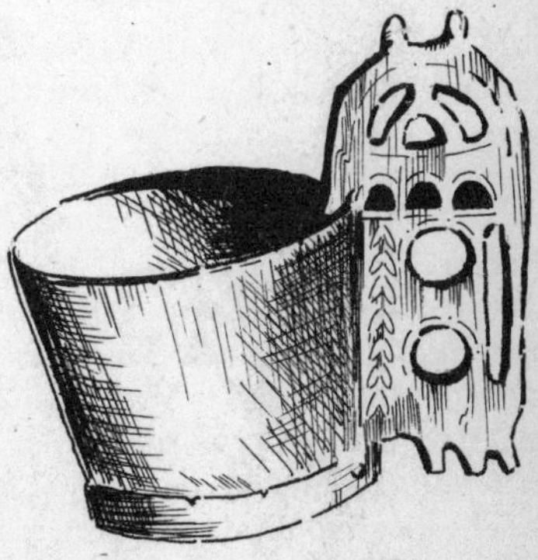

Rebhuhn auf altpolnische Art

1 Rebhuhn
2 Eßlöffel Schmalz
Salz
Pfeffer
1 Bund Suppengrün
500 g Rotkohl
50 g Räucherspeck
1 Eßlöffel geriebene Semmel
2 Eßlöffel geriebener Käse

Das Rebhuhn wird ausgenommen und gesäubert, gesalzen und in Schmalz gebräunt, dann zugedeckt und gedünstet. Wenn das Fleisch weich ist, von den Knochen lösen und in Stücke schneiden. Die Knochen werden zerkleinert und zusammen mit dem kleingeschnittenen Suppengrün in Wasser gekocht, so daß sich daraus zwei Tassen Brühe ergeben. Rotkohl schneiden, salzen und pfeffern, Räucherspeck in dünne Scheiben schneiden und alles zusammen dünsten. Nun in einen Schmortopf eine Schicht Rotkohl geben (die Hälfte), darauf die Fleischstücke legen und mit dem restlichen Rotkohl bedecken. Die durchgesiebte Brühe darübergießen, mit geriebener Semmel und Reibekäse bestreuen und bei großer Hitze auf 40 Minuten in die Backröhre schieben. Mit Salzkartoffeln auftragen.

Wildpastete

800 g Wildfleisch ohne Knochen
300 g Schweinefleisch
200 g Schweineleber
100 g Speck
3 Zwiebeln
1 Brötchen
2 Eier
Salz
Pfeffer
8 Gewürzkörner (Piment)
Lorbeerblatt
Muskat

Das Wildfleisch in wenig Wasser garen, Schweinefleisch und Speck mit in Scheiben geschnittenen Zwiebeln dünsten, am Schluß die Leber dazugeben und weiter dünsten. Im Sud das Brötchen einweichen und anschließend zusammen mit allem Fleisch und Speck dreimal durch den Fleischwolf drehen. In diese Masse die Eier schlagen und Gewürze hinzufügen, sorgfältig verrühren. Eine Backform mit Schmalz ausstreichen und mit Semmelbröseln bestreuen. Die Fleischmasse in die Form geben und bei mittlerer Hitze 30 Minuten in der Bratröhre backen. Nach dem Abkühlen aus der Form nehmen, mit heißem Schmalz übergießen und erneut abkühlen lassen. In Scheiben geschnitten mit Preiselbeeren und Weißbrot servieren.

Kartoffeln, Klöße und anderes

So vielfältig und umfangreich wie die polnischen Gerichte überhaupt sind auch die Beilagen, die dazu gereicht werden. Die Hauptrolle spielen dabei die Kartoffeln (wußten Sie schon, daß Polen der zweitgrößte Kartoffelproduzent und der erste Exporteur dieser Feldfrucht in der Welt ist?) und Buchweizengrütze. Nun, ich will niemanden mit den einfachen und allgemein bekannten Zubereitungsarten der Kartoffel langweilen – Hauptsache ist, die Buchweizengrütze wird locker gekocht, ähnlich wie Reis –, sondern das aufzeigen, was man alles daraus machen kann. Nur noch soviel: Salzkartoffeln werden in Polen gern mit Dill gegessen, und Buchweizengrütze wird nach dem Kochen häufig mit ausgelassenem Speck begossen. Manche der hier beschriebenen Zubereitungsarten gehen auch über eine Beilage hinaus und stellen manchmal schon ein selbständiges Gericht dar.

Widmen wir nun unsere Aufmerksamkeit verschiedenen Arten von Kartoffelklößen, Grütz- und Mehlspeisen, die man zum Teil schon als Fertig- oder Halbprodukte (tiefgekühlt, in Pulverform oder anders) kaufen kann, doch auf die in der häuslichen Küche viel Liebe und Aufmerksamkeit verwendet wird.

Schlesische Klöße

1 kg Kartoffeln
2 Eier
60 g Kartoffelmehl
Salz
3 Eßlöffel Mehl
50 g Speck

Die Kartoffeln schälen und kochen, quetschen oder durchdrehen, Eier, Kartoffelmehl und eine Prise Salz dazugeben. Daraus einen Teig bereiten und apfelgroße Klöße formen, in Mehl wälzen und etwas platt drücken. Die Klöße nun in heißes Salzwasser einlegen, mit einem Kochlöffel vorsichtig umrühren, damit sie nicht zusammenhängen, und zudecken. Wenn sie kochen und nach oben kommen, wieder umrühren und noch etwa zwei Minuten ziehen lassen. Die fertigen Klöße mit einem Schaumlöffel herausnehmen, in einer Schüssel mit dem ausgelassenen Speck übergießen und heiß auftragen.

Kartoffelklöße »Kopytka«

1 kg Kartoffeln
50 g Mehl
2 Eier
Salz
40 g Butter
Semmelmehl

Kartoffeln mit Schale kochen, abpellen, durchdrehen und erkalten lassen. Mehl, Eier und eine Prise Salz hinzufügen und einen gleichmäßigen Teig kneten. Auf einem mit Mehl bestreuten Kuchenbrett fingerdicke Rollen formen und in kleine Stücke schneiden. Nach und nach in heißes Salzwasser geben und kurz aufkochen lassen. Mit Schaumlöffel herausnehmen und in einer Schüssel mit der zerlassenen Butter und dem Semmelmehl, das vorher darin gebräunt wurde, übergießen. Sofort heiß auftragen.

Klößchen aus Buchweizengrütze

250 g Buchweizengrütze
2 Eßlöffel Butter
2 Eier
Salz
1 l Fleischbrühe

Buchweizengrütze in der Kaffeemühle mahlen und mit Butter, Eiern und einer Prise Salz zu einem Teig verrühren. Daraus kleine Klößchen formen und in der Fleischbrühe kochen. Die Klößchen können als Suppeneinlage oder als Beilage zu Fleischgerichten verwendet werden. Als selbständiges Gericht werden sie vor dem Servieren mit heißer Butter begossen.

Warschauer Klößchen

1½ kg Kartoffeln	*Salz*
75 g Mehl	*50 g Speck*
1 Ei	*50 g Zwiebeln*

Die Hälfte der Kartoffeln mit Schale kochen, abpellen und erkalten lassen. Die andere Hälfte dünn schälen, fein reiben und in einem Leinentuch ausdrücken. Das abtropfende Wasser auffangen und wenn sich die Stärke abgesetzt hat, abgießen. Aus gekochten und rohen Kartoffeln, Mehl, Ei, einer Prise Salz und der abgesetzten Stärke den Teig zubereiten und etwa walnußgroße Klößchen formen, in jedes mit dem Finger eine kleine Vertiefung eindrücken. In Salzwasser 8 bis 10 Minuten kochen, mit einem Schaumlöffel herausnehmen, kurz unter fließendes warmes Wasser halten und abtropfen lassen. In eine Schüssel geben und mit dem ausgelassenen Speck, in dem die Zwiebeln gebräunt wurden, übergießen. Heiß servieren.

Posener Mehlklößchen

Teig:	Füllung:
300 g Weizenmehl	*500 g frische Pilze*
20 g Hefe	*(je nach Jahreszeit)*
1 Tasse Milch	*50 g Butter*
1 Ei	*Salz*
30 g Margarine	*Pfeffer*
Salz	
1 Teelöffel Zucker	

Hefe in der lauwarmen Milch auflösen und mit der Hälfte des Mehls vermengen. Wenn die Hefe aufgegangen ist, restliches Mehl, Ei, Margarine, Zucker und eine Prise Salz dazugeben. Teig so lange kneten, bis er nicht mehr an der Hand klebt. Für die Füllung Pilze säubern, kleinhacken, in der Butter braten und mit Salz und Pfeffer würzen. Danach kleine Teigstücke plattdrücken, mit einem Löffel die Pilze einfüllen und kugelförmig zusammenrollen. Die so entstandenen Klößchen fünf Minuten kochen, mit dem Schaumlöffel herausnehmen und in einer Schüssel mit zerlassener Butter übergießen. Heiß servieren.

Maismehlspeise mit Schafskäse

500 g Maismehl
100 g gekochter Schinken
100 g magerer Speck
200 g Schafskäse
2 Eßlöffel Butter

Maismehl in einen Topf schütten und ¼ l aufgekochtes Salzwasser unter ständigem Rühren langsam dazugießen. Auf kleiner Flamme unter weiterem Rühren erwärmen. Nach zehn Minuten den Teig warmstellen, damit er aufgehen kann. Ein feuerfestes Gefäß mit Butter einfetten und schichtweise füllen. Zuerst eine Schicht Teig, darauf der kleingewürfelte Schinken, der mit dünnen Speckscheiben belegt wird, dann wieder eine Schicht Teig und darauf der frische Schafskäse. Zum Schluß kommt noch eine Schicht Teig und darauf die Butter. Nun bei mittlerer Hitze eine halbe Stunde lang im Ofen backen. Nach dem Abkühlen in Portionsstücke schneiden und mit Buttermilch servieren.

Piroggen aus Braniewo

Füllung:
200 g Buchweizengrütze
50 g Butter
200 g magerer Speck
150 g Zwiebeln
6 Eier
Salz
Pfeffer

Teig:
500 g Mehl
2 Eier

Zuerst die Füllung anfertigen. Buchweizengrütze mit Butter kochen, Speck und Zwiebeln kleinwürfeln und zusammen dünsten. 4 hartgekochte Eier kleinhacken. Alles zusammen mit 2 rohen Eiern in die Grütze geben und gut verrühren.

Aus Mehl, Eiern und etwas Wasser einen nicht zu festen Teig kneten und dünn ausrollen. Quadrate oder Kreise ausschneiden, die Füllung einlegen und Piroggen formen. In Salzwasser kochen und vor dem Servieren mit ausgelassenem Speck oder saurer Sahne übergießen.

Warschauer Bliny

250 g Haferflocken
½ l Milch
2 Eier
1 großer Salzhering
Öl

Haferflocken eine Stunde in der Milch einweichen. Eier und vorher gewässerten, entgräteten und kleingehackten Hering hinzufügen und gut verrühren. Die Masse in heißem Öl in einer Pfanne braten und mit gedünstetem Bohnen- oder Mohrrübengemüse servieren.

Piroggen mit Kirschen

350 g Mehl
1 Ei
30 g Butter
¼ l süße Sahne
60 g Puderzucker
Salz
600 g Kirschen

Kirschen säubern, entkernen und den Saft leicht ausdrücken. Mehl auf ein Kuchenbrett sieben, Ei hineinschlagen, salzen, etwas Wasser dazugießen und einen lockeren Teig kneten. In zwei Hälften teilen und beide Teile nicht zu dick ausrollen. Runde Stücke ausstechen, die Hälfte jeweils mit einigen Früchten belegen, die anderen Teigstücke darüberlegen und die Ränder gut aufeinanderdrücken. Die Piroggen in siedendes Salzwasser geben, und wenn sie an die Oberfläche kommen, etwa drei Minuten aufkochen. Mit einem Schaumlöffel herausnehmen, kurz unter fließendes warmes Wasser halten und abtropfen lassen. Auf eine angewärmte Platte legen und mit Schlagsahne servieren.

Hefepfannkuchen

250 g Mehl
20 g Hefe
¼ l Milch
1 Teelöffel Zucker
3 Eier
1 Eßlöffel Rum
Salz
Öl

Hefe und Zucker in einer Tasse lauwarmer Milch auflösen. Mehl in eine Schüssel sieben, eine Vertiefung machen und Milch mit Hefe hineingießen. Mit einem Tuch bedecken und 15 Minuten warmstellen. Eier, die übrige lauwarme Milch und eine Prise Salz hinzugeben und mit dem Kochlöffel einen glatten dünnen Teig rühren. Wieder mit Tuch bedecken und 30 Minuten stehen lassen. Je eine Kelle des Teigs in die Pfanne mit siedendem Öl geben und von beiden Seiten goldgelb braten. Vor dem Servieren mit Puderzucker bestreuen oder mit Konfitüre bestreichen.

Süßspeisen und Desserts

Für die Liebhaber von süßen Speisen sind Vielzahl und Farbenpracht der polnischen Desserts ein wahres Paradies. Was in dieser Hinsicht in Restaurants und Cafés angeboten wird, erfreut Gaumen und Auge in gleicher Weise. Hausgemachter Pudding, Götterspeise, Schlagsahne oder Cremedesserts stehen dem natürlich nicht nach – ganz im Gegenteil, auf sie wird viel Aufmerksamkeit verwendet.

Die beliebte Nachspeise »Galaretka« läßt sich nicht direkt übersetzen, ist aber etwa mit Götterspeise oder Fruchtgelees zu vergleichen. Sie wird aus im Handel erhältlichen Packungen nach der angegebenen Rezeptur zubereitet. Dennoch sollen hier einige Worte darüber verloren werden, weil die polnischen Hausfrauen und auch die Küchenmeister in der Gastronomie mit viel Einfallsreichtum verschiedene Farb- und Geschmackszusammenstellungen hervorzaubern. So werden zum Beispiel verschiedene Geschmacksrichtungen wie Erdbeeren oder Kirschen (rot), Waldmeister (grün), Apfelsinen (orange), Zitronen (gelb) usw. in mehreren Schichten in Gläser gefüllt und vermitteln deshalb neben dem unterschiedlichen Geschmack auch optisch ein schönes Bild. Oder die einzelnen Arten des Gelees werden nach dem Erkalten kleingewürfelt und dann ebenfalls in Gläser oder Glasschalen geschichtet. Der Phantasie sind keine Grenzen gesetzt. Serviert werden diese Speisen mit süßer Sahne, Schlagsahne, kombiniert mit Eis oder verziert mit geriebener Schokolade, Nüssen, Mandeln und anderen Zutaten. Also munter ans Werk.

Weingelee

¼ l Rotwein
¼ l Weißwein
3 Eßlöffel Zucker
Zimt
Ingwer
20 g Gelatine

Rot- und Weißwein mit Zucker, etwas Zimt und Ingwer aufkochen. Gelatine fünf Minuten in kaltem Wasser einweichen und dann im heißen Wein auflösen (gut verrühren). Portionsweise in Gläser oder Glasschalen gießen und nach dem Erkalten mit Schlagsahne servieren.

Bierpudding

2 Gläser Bier
2 Gläser Wasser
1 Glas Apfelwein
Saft von 1 Zitrone
250 g Zucker
30 g Gelatine

Bier, Wasser, Apfelwein, Zitronensaft und Zucker werden zusammen aufgekocht und durchgesiebt. Unter ständigem Rühren die in Wasser aufgelöste Gelatine dazugeben und alles in eine Glasschüssel gießen. Nach dem Erkalten in Portionen aufschneiden und mit Schlagsahne servieren.

Karamelspeise

100 g feingehackte Mandeln
100 g Zucker
3 Gläser Milch
70 g Kartoffelmehl

Die Mandeln in einer kleinen Pfanne fein rösten und zusammen mit 50 g Zucker in zwei Gläser gekochte Milch rühren. Weitere 50 g Zucker auf kleiner Flamme hellbraun karamelisieren, ebenfalls in die Milch rühren und alles zusammen aufkochen. Inzwischen das Kartoffelmehl in einem Glas kalter Milch anrühren und langsam dazugeben. Noch einmal unter ständigem Rühren kurz aufkochen lassen, in eine kalte Form gießen und abkühlen lassen. Mit Obstsaft oder süßer Sahne servieren.

Altpolnische Creme

200 g Puderzucker
3 Eier
50 g süße Mandeln
20 g halbierte Haselnüsse
1 Apfelsine
2 Eßlöffel Rum
20 g Gelatine

Puderzucker, die Eigelb, feingehackte Mandeln, drei Apfelsinenscheiben und den Rum in den Mixer geben. Die Eiweiß schlagen und mit der Mixtur verrühren. Dann die vorher eingeweichte und in warmem Wasser aufgelöste Gelatine hinzufügen und alles kurz aufkochen. Nach dem Abkühlen mit halben Nüssen und Apfelsinenstücken verzieren und mit Schlagsahne servieren.

Zitronengrieß

5 Eßlöffel Grieß
1 ungespritzte Zitrone
150 g Zucker
Kirschkompott

Zitrone schälen und in Scheiben schneiden, 15 Minuten mit etwas Wasser kochen, dann durch ein Sieb rühren. Bis auf einen halben Liter mit Wasser auffüllen und wieder aufkochen. Nach und nach den Grieß einrühren und bis zum Dickwerden auf kleiner Flamme kochen lassen. In eine Schüssel geben und die Creme unter langsamer Zugabe des Zuckers schlagen, bis sie steif ist. Nach dem Erkalten mit den Früchten des Kirschkompotts servieren.

Sahnecreme

1 Tasse süße Sahne
50 g Zucker
3 Eigelb
2 Gläschen Rum
50 g gemahlene Walnüsse

Sahne steifschlagen und kaltstellen. Zucker, Nüsse und Eigelb schaumigrühren, nach und nach Rum und Sahne dazugeben, bis eine gleichmäßige Creme entsteht. Die Creme in hohe Gläser füllen und mit geriebener Schokolade verzieren.

Mandelspeise

125 g Zucker
125 g Butter
4 Eigelb
125 g süße Mandeln
1 Tasse süße Sahne
1 Teelöffel Vanillezucker
1 Gläschen Kirschlikör
Biskuits

Die weiche Butter schaumigrühren und nach und nach Zucker, Eigelb, die vorher feingemahlenen Mandeln und Vanillezucker dazugeben. Zum Schluß die eiskalte Sahne (aus dem Kühlschrank) und den Kirschlikör unter ständigem Rühren hinzufügen. Mit den Biskuits als Beilage auftragen.

Obstsalat

4 Ananasscheiben
150 g Apfelsinen
150 g Äpfel
150 g Pfirsichkompott
250 g tiefgefrorene Erdbeeren
30 g süße Mandeln
50 g Puderzucker
3 Gläschen Grand Marnier

Erdbeeren auftauen, das übrige Obst schälen und in Stücke schneiden. Alle Früchte und den Puderzucker miteinander mischen, mit den vorher feingehackten Mandeln bestreuen und zum Schluß mit dem Likör beträufeln.

Apfel im Schlafrock

1 kg rohe Äpfel
1 Glas Kirschkonfitüre
3 Eßlöffel Zucker
300 g Mehl
150 g Butter
2 Tassen süße Sahne
Eiweiß von 2 Eiern

Äpfel schälen und von Kerngehäusen befreien (am besten mit einer Röhre ausstechen), mit Zucker bestreuen und der Kirschkonfitüre füllen. Aus Mehl, Butter und süßer Sahne einen Teig kneten und dünn ausrollen. Dann zweimal so große Quadrate wie die Äpfel schneiden, auf jedes einen Apfel legen, die Teigenden hochnehmen, mit Eiweiß bestreichen und zusammenkleben. Bei mittlerer Hitze im vorgewärmten Ofen eine halbe Stunde backen. Nach dem Abkühlen mit Schlagsahne servieren.

Teegebäck, Kuchen und Torten

Wer gerade die Absicht hat, durch strenge Diät etwas abzunehmen, oder wer verhindern möchte, daß ihn künftig einige zusätzliche Kilo belasten, für den sind diese Zeilen nicht bestimmt. Kuchen und Torten schmecken in Polen ausgezeichnet, doch sie sind zum großen Teil sehr kalorienhaltig. Da aber nicht jeder um seine schlanke Linie fürchten muß, soll dieser Teil der polnischen Küche nicht vorenthalten werden. Das Teegebäck Mazurek spielt darunter eine besondere Rolle, es wird in der verschiedensten Form besonders an Feiertagen sehr gern gegessen.

Königsmazurek

150 g Butter	*1 Zitrone*
100 g Puderzucker	*3 Eier*
200 g Mehl	*Salz*
50 g gehackte Mandeln	*1 Glas Konfitüre*

Die Butter und die Hälfte des Puderzuckers schaumig rühren, das gesiebte Mehl, Mandeln, etwas geriebene Zitronenschale, 2 durch ein Sieb gedrückte hartgekochte und ein rohes Eigelb sowie eine Prise Salz hinzugeben. Den Teig gut durchkneten und eine Stunde stehen lassen. Nun zwei Drittel glatt ausrollen und aus dem Rest des Teiges dünne Röllchen (etwa in Bleistiftstärke) formen und daraus auf dem ausgerollten Teig ein Gitternetz anordnen. Alles mit Eiweiß bepinseln und goldgelb backen. In die Karrees wird nach dem Erkalten Konfitüre gefüllt und aus dem restlichen Puderzucker, dem Saft der Zitrone und einigen Tropfen heißen Wassers eine Glasur angerührt, mit der der Mazurek bestrichen wird. In quadratische Stücke schneiden und mit Tee oder Kaffee servieren.

Warschauer Mazurek

300 g Mehl	*1 Teelöffel gemahlene Gewürznelken*
200 g Butter	*1 Glas Kirschkonfitüre (mit ganzen Früchten)*
200 g Zucker	
200 g feingehackte Mandeln	
2 Eier	

Das Mehl auf ein Kuchenbrett sieben, die feste Butter (aus dem Kühlschrank) kleingeschnitten dazugeben, Zucker darüberstreuen, Mandeln, die Eigelb und Gewürznelken hinzufügen und einen gleichmäßigen Teig kneten, der dann eine Stunde stehen bleibt. Den Teig 1–2 cm dick ausrollen und mit einem Glas oder entsprechenden Formen Plätzchen ausstechen. Aus den Resten werden etwa bleistiftstarke Röllchen geformt, aus denen auf die Plätzchen, die vorher mit Eiweiß bestrichen wurden, Umrandungen aufgedrückt werden. Bei mittlerer Hitze 20 Minuten im Ofen backen. Die inzwischen erhitzte Konfitüre wird auf die gebackenen Mazurki aufgetragen. Nach dem Erkalten mit Tee servieren.

Schokoladenmazurek

300 g Mehl
125 g Butter
100 g Zucker
3 Eier
100 g geriebene Schokolade
100 g Puderzucker
50 g feingehackte Mandeln
50 g Rosinen
1 Eßlöffel Mehl

Mit Mehl, Butter, Zucker und einem Ei wird ein Mürbeteig geknetet. 20 Minuten stehen lassen, dann dünn ausrollen und auf einem ungefetteten Blech bei mittlerer Hitze 15 Minuten backen. Die geriebene Schokolade, den Puderzucker, 2 Eier, Mandeln, Rosinen und 1 Eßlöffel Mehl gleichmäßig verrühren und auf den Mürbeteig streichen. Alles zusammen noch einmal 10 Minuten überbacken. Nach dem Erkalten mit einem scharfen Messer quadratische Plätzchen schneiden. Mit Tee oder Kaffee servieren.

Mandelmazurek

300 g Mehl
300 g Zucker
5 Eier
125 g abgezogene Mandeln
Butter
Semmelbrösel

Die Eier werden nach und nach mit dem Zucker verrührt, dann zusammen cremig geschlagen. Nun unter weiterem Rühren langsam das Mehl einsieben und schließlich die halbierten Mandeln darunterrühren. Eine kastenförmige Backform mit Butter ausstreichen und dann mit Semmelbröseln bestreuen, den Teig einfüllen und bei mittlerer Hitze eine Stunde backen. Den Kuchen stürzen, in Scheiben schneiden und einzeln gelegt auf einem ungefetteten Blech goldgelb backen. Das Ergebnis ist ein vorzügliches Tee- oder Kaffeegebäck.

Teigspäne

300 g Mehl
125 g Zucker
100 g Butter
2 Eier
6 Eigelb
1 Gläschen Arrak
250 g Schmalz
150 g Puderzucker

Die Eigelb werden zusammen mit dem Zucker geschlagen, dann die ganzen Eier dazugeben und noch einmal gut verrühren. Jetzt das Mehl darüberstreuen, die harte Butter (aus dem Kühlschrank) dazuschneiden, Arrak dazugeben und einen gleichmäßigen Teig kneten, der auf einem mit Mehl bestreuten Kuchenbrett dünn ausgerollt wird. Daraus Streifen von etwa 6 × 3 cm schneiden, in der Mitte einen geraden Einschnitt machen und ein Ende des Streifens vorsichtig durch den Einschnitt ziehen. Das Schmalz in einer Kasserolle stark erhitzen und die Späne darin schwimmend goldgelb backen. Auf Küchenkrepp abtropfen lassen, mit Puderzucker überstreuen und auf einem Kuchenteller zu Tee oder Kaffee servieren.

Mohnschüssel

250 g gemahlener Mohn
1/3 l Milch
2 Eßlöffel Zucker
50 g Rosinen
50 g gehackte Nüsse
15 g Zitronat
1 Gläschen Rum
200 g Weißbrot oder Zwieback

Den Mohn mit der kochenden, gesüßten Milch überbrühen und zu einem geschmeidigen Teig verrühren. Die vorher in Wasser eingeweichten Rosinen, Nüsse, Zitronat und Rum darunterrühren. Kurz in heiße Milch getauchte Weißbrot- oder Zwiebackscheiben abwechselnd mit dem Mohnteig in eine Glasschüssel schichten, abkühlen lassen und einige Stunden kalt stellen. Vor dem Servieren kann man diesen Mohnkuchen mit Nüssen, Mandeln oder Schokoladensplittern verzieren.

Pfefferkuchen »Katharinchen«

½ l flüssiger Bienenhonig
Zimt
geriebene Zitronenschale
6 Gewürznelken
1 Messerspitze Kardamom
2 kg Weizenmehl
60 g Butter
20 g Speisesoda
5 g Pottasche
1 Gläschen Rum
3 Eier
300 g Zucker

Den Honig mit Zimt, geriebener Zitronenschale, Gewürznelken und Kardamom kochen. Inzwischen 1 kg Mehl auf ein Kuchenbrett schütten, in der Mitte eine Vertiefung machen, in die der aufgekochte Honig gegossen wird. Daraus einen Teig rühren, in den die Butter gegeben wird. Nach dem Abkühlen die in Rum aufgelöste Pottasche und Speisesoda sowie die im Zucker schaumig gerührten Eier hinzugeben. Nach und nach das restliche Mehl mit dem Teig vermengen, der etwa eine Stunde lang durchgeknetet werden muß. Den Teig in eine eingefettete Backform geben, mit einem Tuch zudecken und eine Woche lang kühl stehen lassen. Danach den Pfefferkuchen bei mittlerer Hitze 20–30 Minuten backen, aus der Form nehmen, in ein Leinentuch wickeln und etwa zwei Wochen liegen lassen. Erst danach ist er weich, kann aufgeschnitten und gegessen werden.

Biskuittorte

150 g Butter
2 Eigelb
3 Eßlöffel Zucker
1/8 l Rum
50 g gemahlene Walnüsse
50 kleine Biskuits
1/8 l süße Sahne

Die weiche Butter wird mit Eigelb und Zucker schaumig gerührt, 1 Eßlöffel Rum und Nüsse hinzugeben. Biskuits mit Rum beträufeln und in eine leicht mit Butter eingefettete Tortenform eine Schicht einlegen. Mit Teig bestreichen, wieder Biskuits einlegen – immer im Wechsel, bis alles verbraucht ist. Die oberste Schicht müssen Biskuits sein. Etwas zusammendrücken und die Tortenform eine Nacht in den Kühlschrank stellen. Danach stürzen und in steifgeschlagene, gezuckerte Sahne hüllen.

Nußtorte

Teig:
150 g Zucker
6 Eier
100 g Mehl
100 g geriebene Schokolade
3 Eßlöffel Butter

Füllung:
200 g gemahlene Walnüsse
1 Tasse süße Sahne
3 Eier
160 g Zucker
100 g Butter

Glasur:
50 g geriebene Schokolade
10 g Kakao
100 g Puderzucker
20 g Butter

Für den Teig Zucker und Eier in einer feuerfesten Schüssel auf kleiner Flamme verrühren und cremig schlagen, von der Flamme nehmen und nach dem Erkalten weiterschlagen. Mehl und Schokolade werden vorsichtig daruntergerührt. Fünf Tortenbodenformen mit Butter einfetten und mit Mehl bestäuben. Den Teig in die Formen füllen, bei großer Hitze 15 Minuten backen, dann die Tortenböden abheben und abkühlen lassen.

Für die Füllung Nüsse und Sahne auf kleiner Flamme verrühren und abkühlen lassen. Die Eier mit 80 g Zucker in feuerfester Form auf kleiner Flamme cremig schlagen und ebenfalls abkühlen lassen. Die Butter wird schaumig gerührt, dabei nach und nach weitere 80 g Zucker hinzugeben und dann alles zusammen zu einer Nußcreme verrühren. Vier Tortenböden damit bestreichen, übereinanderschichten und mit dem fünften bedecken.

Nun die Blockschokolade für die Glasur in etwas Wasser auflösen und glattrühren, Kakao und Puderzucker werden dazugesiebt. Langsam kleine Mengen heißes Wasser dazugeben, bis alles dickflüssig ist, zum Schluß die flüssige Butter dazugeben. Die Glasur dann sofort auf die Torte streichen und auch den Rand bedecken, den man mit Nüssen oder Mandeln verzieren kann. Die Torte einen Tag stehen lassen und vor dem Servieren aufschneiden.

Mandeltorte

400 g süße Mandeln
400 g Zucker
10 Eiweiß
2 Eßlöffel Mehl
Saft von 1 Zitrone
Johannisbeer- oder Erdbeermarmelade

Für die Glasur:
1 Zuckerhut (250 g)

Zucker mit geschlagenem Eiweiß gründlich verrühren und die vorher gemahlenen Mandeln, Zitronensaft und Mehl hinzufügen. Den Teig halbieren und zwei Tortenböden von gleicher Größe bei mittlerer Hitze backen. Nach dem Abkühlen einen Tortenboden mit Marmelade bedecken und den zweiten daraufsetzen. Nun für die Glasur den Zuckerhut zerkleinern und so lange kochen, bis er fertig wird. Vom Feuer nehmen und gleichmäßig rühren. Mit der so entstehenden Glasur die Torte bestreichen und zum Erstarren kaltstellen.

Punschtorte

Teig:
200 g Zucker
4 Eier
1 Päckchen Vanillezucker
200 g Mehl
1 Teelöffel Backpulver
4 Tropfen Zitronenaroma

Füllung:
250 g Aprikosenkonfitüre
1 Gläschen Rum
1 Gläschen Zitronensaft
1 Gläschen Erdbeersirup

Glasur:
250 g Puderzucker
2 Eßlöffel Erdbeersirup

Zucker mit den Eigelb schaumig rühren, 4 Eßlöffel heißes Wasser, Zitronenaroma und Vanillezucker dazugeben und wieder verrühren. Die Eiweiß zu festem Schnee schlagen und unter den Teig ziehen. Mehl und Backpulver sorgfältig vermengen und langsam dazusieben. In eine mit Butter ausgestrichene Tortenform geben und bei mittlerer Hitze etwa 35 Minuten goldgelb backen.

Nach dem Erkalten drei Lagen schneiden. Der untere Boden wird mit der heißgemachten Aprikosenkonfitüre bestrichen. Die zweite Lage wird in Würfel geschnitten, die zu je einem Drittel mit Rum, Zitronensaft bzw. Erdbeersirup getränkt werden. Die Konfitüre abwechselnd mit diesen Würfeln belegen. Die dritte Lage wird ebenfalls mit Konfitüre bestrichen (an der Schnittfläche) und mit dieser Seite auf die Torte gedeckt. Nun oben noch einmal mit Konfitüre bestreichen. Mit Puderzucker, Erdbeersirup und einigen Tropfen heißem Wasser unter leichter Erwärmung die Glasur rühren und über die Torte gießen. Auch den Rand damit bestreichen. Mit kandierten Früchten kann man die Torte noch hübsch verzieren. Vor dem Aufschneiden kühl stellen, bis die Glasur völlig steif ist. Zusammen mit Schlagsahne reichen.

Käsekuchen mit Streuseln

Teig:
750 g Mehl
1/3 l Milch
75 g Butter
75 g Zucker
40 g Hefe
1 Päckchen Vanillezucker
2 Eier
1 Teelöffel Salz

Füllung:
500 g Quark
150 g Zucker
100 g Rosinen
1 Päckchen Vanillezucker
2 Eier

Streusel:
150 g Mehl
75 g Zucker
100 g Butter
50 g süße Mandeln
1 Päckchen Vanillezucker
1 Teelöffel Rum
Zimt

Mehl in eine große Schüssel schütten, in eine Vertiefung die in der Hälfte der lauwarmen Milch aufgelöste Hefe geben und ruhen lassen. Nach einer Viertelstunde die zerlassene Butter, den Rest der Milch und die anderen Zutaten hinzufügen und vermengen. Den geschmeidigen Teig mit einem Kochlöffel 20 Minuten schlagen, bis er blasig wird, mit einem Tuch bedecken und 15 Minuten stehenlassen. Inzwischen wird der Quark mit den anderen Zutaten für die Füllung glatt verrührt. Die Hälfte des Teiges wird auf ein leicht eingefettetes Kuchenblech gerollt und die Quarkfüllung daraufgegeben. Mit der zweiten Teighälfte die Füllung bedecken.

Für die Streusel werden Mehl, Mandeln, Zucker, Vanillezucker und eine Messerspitze Zimt verrührt. Nach und nach wird die heiße Butter dazugegeben und alles mit der Hand zerkrümelt, bis die Butter aufgesaugt ist. Zum Schluß den Rum hinzufügen und die Streusel auf den Kuchen verteilen. Mit einem Tuch bedecken und warm stellen, bis der Kuchen um die Hälfte höher aufgegangen ist. Dann bei mittlerer Hitze etwa 45 Minuten goldgelb backen. Danach mit Puderzucker bestreuen.

Harte und sanfte Getränke

Wenn von polnischen Getränken die Rede ist, dann gilt der erste Gedanke polnischem Wodka. Und ganz speziell denkt man an die Marken »Wyborowa« (Auserlesener) und »Żubròwka« (der Name ist von wohlriechendem Marienkraut abgeleitet, das besonders von Wisenten verzehrt wird – ein solcher Grashalm befindet sich in jeder Flasche und verleiht diesem Getränk sein Aroma), die in den letzten zehn Jahren ihren Siegeszug um die Welt angetreten haben. Doch auch ein »Zytnia« (Korn), der in Polen ebenfalls als Wodka bezeichnet wird, ist nicht zu verachten. Diese Wodkasorten werden vor allem zu kalten Vorspeisen getrunken (ich erinnere hier an die vielen Arten von Hering) und gehören bei jedem festlichen Anlaß oder einem Treffen von Verwandten, Freunden oder Bekannten auf den Tisch.

Von Picasso ist ein Ausspruch überliefert, der in Polen gern zitiert wird. Der geniale Künstler stellte einmal fest: »Die wunderbarsten Erfahrungen in den letzten 50 Jahren waren für mich Blues, Kubismus und polnischer Wodka.« Und Napoleon wird folgende Empfehlung an seine Soldaten zugeschrieben: »Trinkt wie die Polen.« Das heißt, sie sollten zwar trinken, aber am nächsten Tag dennoch einen klaren Kopf haben.

Doch hier soll auch von den sehr beliebten Cocktails und anderen Mixgetränken die Rede sein, die zu den verschiedensten Anlässen getrunken werden und deren Alkoholgehalt deshalb auch sehr unterschiedlich ist.

Bischofstrunk

2 Apfelsinen
250 g Zucker
1 l leichter Weißwein
½ l Sodawasser
Saft 1 Zitrone
Ananas- oder Aprikosenkompott
pro Person 10 g Speiseeis

Die Apfelsinen schälen, in Scheiben schneiden und zuckern, dann in einem Glasgefäß einige Stunden in den Kühlschrank stellen. Danach Weißwein, Sodawasser und Speiseeis hinzufügen. Mit dem Zitronensaft und dem restlichen Zucker abschmecken. Zum Schluß Ananas- oder Aprikosenkompott dazugeben und in Gläsern oder Glasschalen servieren.

Eiskaffee »Mazagran«

1 l nicht zu starker Kaffee
100 g Weinbrand
etwa 100 g Zucker
pro Person 10 g Speiseeis
1 Becher süße Sahne

Den vorher im Kühlschrank kaltgestellten Kaffee mit Weinbrand und Zucker gut verrühren. Speiseeis in hohe Gläser geben und den Kaffee darübergießen. Zum Schluß 2 Eßlöffel Sahne in jedes Glas geben. Mit Strohhalm servieren.

Orangencocktail

1 Viertel Wodka Wyborowa
3 Viertel Orangensaft
Zitronensaft

Wodka und Orangensaft mit einigen Tropfen Zitronensaft in den Mixer geben und nach dem Durchschütteln mit Eiswürfeln in hohen Gläsern servieren.

Bloody Mary

1 Drittel Wodka
2 Drittel Tomatensaft
Zitronensaft
Worcestersauce
Salz
Pfeffer

Wodka, Tomatensaft, einige Tropfen Zitronensaft, 1 Spritzer Worcestersauce sowie Salz und Pfeffer nach Geschmack im Mixer gut mit Eiswürfeln durchschütteln und sofort servieren.

Cocktail »Tak« (zu deutsch »Ja«)

3 Teile Wodka Wyborowa
2 Teile Dubonnet
1 Teil Cointreau
Angostura
1 Apfelsinenscheibe je Glas

Die Alkoholbestandteile und einige Tropfen Angostura mixen. Beim Servieren Apfelsinenscheibe in das Glas geben.

Rose Warschaus

3 Teile Wodka Wyborowa
2 Teile Cherry Cordial
1 Teil Cointreau
Angostura
1 Cocktailkirsche je Glas

Alkoholbestandteile und einige Tropfen Angostura im Mixbecher mixen und mit der Kirsche garniert anbieten.

Wodkatini

3 Viertel Wodka Wyborowa
1 Viertel Martini dry
grüne Oliven

Wodka und Wermutwein im Mixbecher gut durchschütteln und in Cocktailgläsern mit einer grünen Olive servieren.

Warmbier

1 l Bier
4 Eigelb
150 g Zucker
5 Gewürznelken
1 Stück Stangenzimt

Das Bier mit den Nelken und Zimt aufkochen. Die Eigelb mit dem Zucker verrühren und etwas heißes Bier dazugeben. Auf kleiner Flamme unter ständigem Rühren aufwärmen, bis eine dicke Masse entsteht. Dann das heiße Bier hinzufügen, mit süßem Gebäck servieren.

Doch man sollte nicht annehmen, daß die bunte Palette nur aus alkoholischen Getränken besteht. Hier soll aber nicht die Rede von Sodawassern, Limonaden, Fruchtsäften und anderen Flüssigkeiten sein, die industriell hergestellt und vom Handel geliefert werden, sondern von Erfrischungsgetränken, die in Deutschland weniger bekannt sind. Dabei handelt es sich sowohl um solche, die sofort getrunken werden, wie auch um andere, die man auf Vorrat anfertigen kann und die nicht nur für den Hausbedarf, sondern auch für Gartenpartys und ähnliches sehr gut geeignet sind.

Kavalier

2 Drittel Wodka Wyborowa
1 Drittel Martini dry
1 Tropfen Campari bitter je Glas
2 Tropfen Cointreau je Glas

Alle Bestandteile im Mixbecher gut durchschütteln und in Cocktailgläsern mit Eiswürfeln servieren.

Punsch

Saft 1 Zitrone und 1 Apfelsine
1/8 l Rum
15 Stücke Würfelzucker
3 Gewürznelken
1 Stück Stangenzimt

Den Saft der Früchte, Rum, Würfelzucker und die Gewürze in einer Teekanne warmstellen und dann mit kochendem Wasser aufbrühen, etwas ziehen lassen und in Teegläsern servieren.

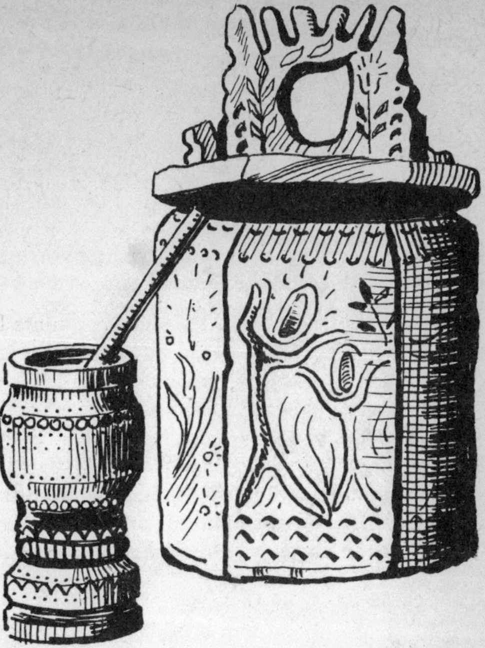

Zitronenkwaß

3 große naturreine Zitronen
250 g Rosinen
750 g Bienenhonig
6,5 l Wasser
25 g Hefe
1 Eßlöffel Mehl

Die Zitronen mit heißem Wasser brühen, mit Schalen in dünne Scheiben schneiden (Kerne entfernen) und zusammen mit den Rosinen und dem Honig in ein Steingutgefäß geben. Alles mit 1 ½ l siedendem Wasser übergießen und zugedeckt an einem warmen Ort 24 Stunden stehen lassen. Am nächsten Tag das restliche gekochte und abgekühlte Wasser, die in warmem Wasser aufgelöste Hefe und das Mehl dazugeben und gut verrühren. Weiter an einem warmen Ort aufbewahren, bis Rosinen und Zitronenscheiben an die Oberfläche kommen. Dann durch ein dichtes Leinentuch gießen, in Flaschen abfüllen, die fest verschlossen werden müssen, und kühl stellen. Nach fünf Tagen kann das Getränk kalt serviert werden. (Bei Herstellung größerer Mengen die Zutaten proportional vergrößern.)

Brotkwaß

250 g altbackenes Roggenbrot
10 g Hefe
Saft von 1 Zitrone
4 l Wasser
200 g Zucker

Das trockene Brot einige Stunden in heißes Wasser legen, abkühlen lassen, durch ein Sieb in das Einweichwasser rühren und drei Viertel des Zuckers dazugeben. Die Hefe mit dem restlichen Zucker und dem Zitronensaft in etwas Wasser auflösen und der Flüssigkeit hinzufügen. 24 Stunden bei Zimmertemperatur stehen lassen, dann in Flaschen füllen und fest verschließen. Vor dem Verzehr drei Tage kühl stehen lassen.

Honigtrunk

3 Teelöffel Honig
2 Eigelb
Saft von 2 Zitronen
½ l schwarzer Tee

Den Honig mit Eigelb verrühren und dann in den heißen Tee geben. Den Zitronensaft hinzufügen. Kann je nach Jahreszeit eisgekühlt oder heiß getrunken werden.

Mohrrübengetränk

1 kg Mohrrüben
30 g Zucker
Saft von 1 Zitrone
Zimt

Gesäuberte Mohrrüben reiben oder im Mixer zu Mus schlagen und durch ein Leinentuch ausdrücken (am schnellsten geht es im Entsafter). Mit dem Zucker, Zitronensaft und etwas Zimt abschmecken und sofort eisgekühlt trinken.

Gurkensaft

1 kg grüne Gurken
30 g Zucker oder etwas Salz und scharfer Paprika
Saft von 1 Zitrone

Die gesäuberten Gurken schälen, fein hobeln und in einem Leinensack über einem Porzellangefäß ausdrücken (am schnellsten geht es im Entsafter). Mit Zucker oder Salz und Paprika sowie Zitronensaft abschmecken und sofort eisgekühlt trinken.

Wer bekommt die Silberne Bratpfanne?

Wenn bei einer Reise durch Polen auf der Europastraße 8 (sie durchquert das Land von Westen nach Osten) unweit von Poznań in der kleinen Ortschaft Podstolice ein Schild zur Rast im Motel »Polonia« einlädt, ist man gut beraten, dieser Aufforderung Folge zu leisten. Es gehört zu einem auserlesenen Klub von inzwischen fast 150 Restaurants und Gaststätten, die eine ganz besondere Visitenkarte vorzuweisen haben – die Silberne Bratpfanne. Was verbirgt sich dahinter?

Vor etwa 15 Jahren kam der Chefredakteur des Magazins für Touristik »Swiatowid«, das in Warschau herausgegeben wird, auf die Idee, im ganzen Land einen Wettbewerb für Restaurants und Gaststätten aller Art zu starten, die sich um die Pflege der traditionellen polnischen Küche verdient machen. Am Anfang ging es darum, für eine preiswerte, gute und normale Küche zu wirken. Mit der lawinenartigen Zunahme des internationalen Tourismus hat sich der Inhalt geändert. Die Pflege der Folklore, regionale

Spezialitäten, vorbildliche Bedienung und eine angenehme Atmosphäre wurden zu weiteren Bewertungsgrundlagen. Als höchste Anerkennung in diesem gastronomischen Wettstreit wird die Silberne Bratpfanne verliehen.

Zur landesweiten Jury kann jeder gehören, der sich zum Thema äußern möchte. Das heißt, bei der Bewertung werden sowohl die Zuschriften der Leser an das Magazin und an andere Zeitungen und Zeitschriften, die Bücher »Der Gast hat das Wort«, wie auch die Berichte von speziellen Kommissionen, denen erfahrene Fachleute der Gastronomie, Journalisten und weitere Vertreter der Öffentlichkeit angehören, berücksichtigt. Um eine gerechte Beurteilung zu erreichen, werden die Teilnehmer in drei Gruppen eingeteilt. Die erste umfaßt Gaststätten im ausgesprochenen Folklore- oder regionalen Stil, der zweiten gehören die Restaurants der Luxusklasse und der 1. Kategorie an und in der dritten schließlich sind die einfachen Restaurants der unteren Kategorien. Aber gerade sie stellen unter den Preisträgern einen großen Anteil. Inzwischen ist die Silberne Bratpfanne zu einem im ganzen Lande allgemein anerkannten Qualitätssymbol geworden. Findet der Gast also auf Speisekarten oder besonderen Tafeln den Hinweis auf die »Srebrna Patelnia«, dann bedeutet das, daß sich das Personal an diesem Wettbewerb beteiligt. Und schon das läßt hoffen, ein gutes Essen zu bekommen, denn bereits in Vorwettbewerben in den einzelnen Regionen des Landes wird entschieden, wer überhaupt zum Wettstreit um die Silberne Bratpfanne antreten darf.

Wer einmal diesen Preis bekommen hat, kann sich jedoch nicht auf seinen Lorbeeren ausruhen. Die Inhaber des begehrten Preises werden von Zeit zu Zeit von anonymen Kommissionen überprüft. Es ist in einzelnen Fällen schon vorgekommen, daß Gaststätten oder Restaurants das schöne Dekorationsstück für zugkräftige Kundenwerbung wieder abgeben mußten, weil die Qualität der Speisen oder das Niveau der Bedienung nachgelassen hatten. Aber viel häufiger kommt es vor, daß Besitzer der Silbernen Bratpfanne erneut ausgezeichnet werden, weil sie neue kulinarische Raffinessen hervorgezaubert oder im gastronomischen Niveau noch einen Punkt auf das »i« gesetzt haben. Sie erhalten dann Sonderpreise der Jury.

Im folgenden soll nun der Gourmet beraten werden, der die echte polnische Küche nicht nur durch eigene Kochübungen kennenlernen, sondern in Polen selbst die Werke alter und neuer

Meister der Küche probieren möchte. Deshalb hier eine kleine Auswahl unter den bisherigen Gewinnern der Silbernen Bratpfanne und einige der von ihnen angebotenen Spezialitäten.

»Karczma Słupska« in Warschau (Czerniakowska-Straße)
Besonders Suppen wie Haselnußsuppe, Brotsuppe und Kümmelsuppe
»Myśliwska« in Elbląng (Elbing)
Mehrere Arten von Wildgerichten
»Ermitage« in Sopot (Zoppot, Monte-Cassino-Straße)
Rinderbraten mit Pilzen in Weinsauce
Folklorerestaurant »Myśliwska« in Gdynia (Gdingen)
Pikante Fischsuppe, Pommersches Eisbein gebraten mit Zwiebeln
»Łania« im Schlesischen Kulturpark bei Katowice (Kattowitz)
Hasenrücken und frische Fische aus dem eigenen Teich
»Jurajska« in Ogrodzieniec bei Katowice
Polnische Sauerteigsuppe mit Weißwurst, Klopse in Dillsauce
»Wierzynek« am Altmarkt in Krakau
Königskotelett (ganzes Stück in der Folie gebacken mit Champignons)
»Holiday inn« in Krakau
Sauerkrautsuppe, Bauernomelett, gepökelte Lende auf polnische Art
»Zalewajka« in Donczyce bei Krakau
Pikanter Hering und gebratenes Kotelettstück mit Pflaumen
»Panorama« in Nowy Sacz (zweimaliger Preisträger)
Spezialitäten der Bergbewohner der Hohen Tatra
»Starówka« in Bielsko Biała (Bielitz)
Koteletts auf Goralenart (in Sauerkraut gedünstet)
Fischrestaurant »Chief« in Szczecin (Stettin)
Klare Gurkensuppe mit Fischfrikadellen, Zander auf polnische Art und Baltischer Schaschlik
»Miła« in Goleniów (Gollnow) bei Szczecin
Geflügelsuppe, Rinderbraten auf Kutscherart, Hühnchen in grüner Sauce
»Rycerska« in Strzelce Krajeńskie (Friedeberg, zwischen Stettin und Posen)
Rinderrouladen »Fürst Radziwill« (mit Kraut und Pilzen gefüllt), Hühnchen mit Obst gefüllt auf Toast

»Smakosz« in Poznań (Posen)
Fisch altpolnisch in Rosinensauce und Lende in Käseteig gebacken
»Lechicka« in Poznań
Gespickter Rinderbraten mit Klößchen und Kartoffelpuffer auf Zigeunerart
»Gwarna« in Gniezno (Gnesen)
Schmorbraten mit Gemüse in ausgehöhltem Schwarzbrot und polnische Piroggen in Pilzsauce
Motel »Polonia« in Podstolice (an der E 8 bei Posen)
Verschiedene Geflügelspezialitäten
»Karczma Piastowska« in Zgorzelec (polnische Seite von Görlitz)
Teufelsbraten und Tataren-Hering
Orbis-Hotel »Panórama« in Wrocław (Breslau)
Zwiebelsuppe, Jägerbigos und Kotelett »Belvedere«
Folkloregaststätte »Karczma Słupska« in Słupsk (Stolp; dreifacher Preisträger)
Wildschweinroulade und Filet in Biersauce
»Kormoran« in Ełk (Lyck, Masurische Seenplatte)
Kümmelsuppe und gedünsteter Fisch mit Äpfeln
»Myśliwska« in Pisz (Johannisburg, Masurische Seenplatte)
Katzenjammersuppe (auf der Grundlage von Sauerkrautsaft) und Forelle in Champignonsauce
»Pod wierzbami« in der Geburtsstadt Chopins Żelasowa Wola
Verschiedene Wildspezialitäten
Motel »Zdrój« in Brzozów bei Krosno (am Fuße des Bieszady-Gebirges; zweimaliger Preisträger)
Verschiedene Gerichte auf Bauernart

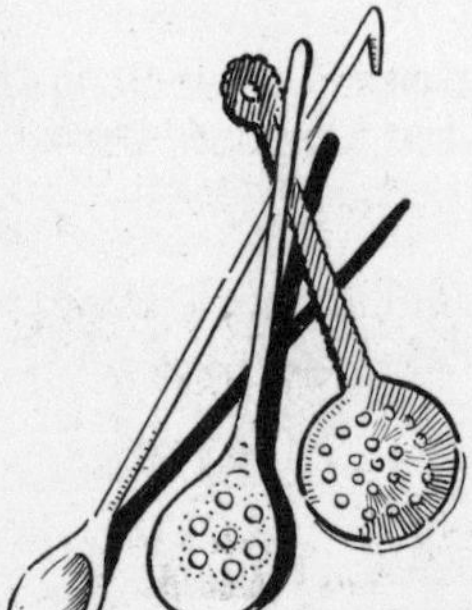